Maria Lohmann

Das
Säure-Basen
KOCHBUCH

Sich wohlfühlen mit über 140 leckeren Rezepten
Extra: Mit Wochenplan und Säure-Basen-Wegweiser

Inhalt

Grundlagen der Säuren-Basen-Theorie 9

Säure-Basen-Haushalt in Balance 10

8 Fragen rund um den Säure-Basen-Haushalt – was wirklich stimmt 14

Basenfreundliche Ernährung ist gesund 19

Tag für Tag auf dem Basenkonto punkten 20

Geeignete Getränke für Basenpower 24

Begleitprogramm für eine intensive Entsäuerung 28

»Kleine Sünden wieder gut machen« 30

Der Säure-Basen-Plan für eine Woche 32

Inhalt

Rezepte 37

- Frühstück, Drinks & Snacks ... 38
- Suppen – von schaumig-leicht bis samtig-fein 55
- Knackig frische Salatvariationen 64
- Leckere vegetarische Gerichte . 76
- Köstliche Gerichte mit Fisch ... 92
- Rezepte mit Fleisch und Geflügel 100
- Feine Desserts, Brot & Kuchen 109

Anhang

- Der Säure-Basen-Wegweiser . 122
- Literatur 124
- Sach- und Rezeptregister 125
- Impressum 128

Grundlagen

Grundlagen der Säure-Basen-Theorie

Noch fast bis zur Hälfte des letzten Jahrhunderts war der Säure-Basen-Haushalt für die meisten Menschen kein Thema, mit dem sie sich beschäftigt hätten. Erst mit sich immer schneller und stärker verändernden Lebensbedingungen und der veränderten Zusammensetzung unserer Ernährung hat sich das gewandelt. Tierische Nahrungsmittel und andere Säurebildner machten vor etwa 200 Jahren maximal 15% der Gesamtenergiezufuhr aus. Heute sind es im Durchschnitt etwa 40%, mit denen der Organismus fertig werden muss. Und wer in früheren Zeiten gelegentlich säurereich gegessen hatte, konnte das rasch wieder ausgleichen: Durch körperliche Arbeit, wie sie damals die meisten Menschen ausübten, wurden Säuren rasch wieder ausgeschwitzt. Das ist heute anders.

Durch mangelnde Bewegung, Arbeiten im Büro sowie Stress bleibt unser Körper viel länger auf den Säuren »sitzen«. Das beeinträchtigt unser Wohlbefinden.

Säure-Basen-Haushalt in Balance

Der Schlüssel zur Gesundheit

Die Regulation des Säure-Basen-Haushaltes steht niemals still. Ohne dass wir es merken, ist der Körper Tag und Nacht im Einsatz, um ein dynamisches Gleichgewicht von Säuren und Basen herzustellen. Dabei muss er sich permanent mit einer wechselnden Menge von Säuren und Basen auseinandersetzen, je nachdem wie viel Säuren ihm über die Nahrung zugeführt werden und welche Säuren im Stoffwechsel anfallen. Da der Säure-Basen-Haushalt an der Grundregulation von Atmung, Kreislauf, Verdauung und Zellstoffwechsel beteiligt ist, bilden sich in jedem Körper ständig Säuren: Kohlensäure entsteht bei der Atmung, Aminosäuren bei der Verstoffwechselung der Nahrung, Milchsäure bei schwerer Muskelarbeit und Harnsäure beim Abbau von Körperzellen. Diese Säuren werden in Blut, Darm, Nieren und über die Haut neutralisiert.

Was der pH-Wert aussagt

Der pH-Wert ist ein Maß für die Säurestärke. Er wird berechnet nach der Wasserstoffionen-Konzentration einer Lösung. Die Skala reicht von 0 bis 14 (7 = neutral, 1 bis 7 = sauer, 7 bis 14 = basisch). Je kleiner also der pH-Wert, desto saurer ist eine Lösung.

Reichlich trinken – am besten reines Wasser und Kräutertees – ist wichtig für die Säure-Basen-Balance.

Im menschlichen Körper bestehen in verschiedenen Flüssigkeiten unterschiedliche pH-Werte. Während beispielsweise im Magen der pH-Wert bei etwa 1 liegt (extrem sauer) und der Speichel nahezu neutral ist, muss das Blut unbedingt in einem leicht alkalischen Bereich von 7,35 liegen, damit alle biochemischen Reaktionen richtig funktionieren können. Besonders wichtig ist dafür der Bicarbonatpuffer des Blutes, der die Säuren abfängt bzw. neutralisiert.

> Einen Mangel an Säuren gibt es im Normalfall nicht, da sie unmittelbar im Stoffwechsel entstehen. Im Gegensatz zu den Basen, die der Körper nicht produzieren kann: Er ist darauf angewiesen, dass sie von außen – über Ernährung und Getränke – zugeführt werden.

Ohne Basen keine Säureausscheidung

Säuren sind chemische Verbindungen, die in Wasser gelöste, positiv geladene Wasserstoff-Ionen (H^+) abspalten können. Basen sind Verbindungen, die in Wasser gelöste, negativ geladene Hydroxyl-Ionen (OH^-) freisetzen können.

Damit Säuren ausgeschieden werden können, müssen sie an Basen gebunden sein. Basen sind vor allem mineralische Stoffe wie Kalium, Kalzium, Magnesium und Eisen. Säurebildend wirken Elemente wie Phosphat, Schwefel und Chlor.

Eine Übersäuerung verläuft schleichend

Körpereigene Puffersysteme schützen den Organismus vor Übersäuerung. Funktioniert das Puffersystem des Blutes, die Säureausscheidung über Atmung, Darm und Haut und arbeiten die Nieren einwandfrei, so wird der Körper mit einer säurereichen Mahlzeit bzw. mit einer vorübergehenden Säureflut gut fertig. Bei einseitiger säurebetonter Ernährung und weiteren ungünstigen Einflüssen, z.B. einem gestörtem Verdauungssystem (Säuren entstehen auch durch Gärung im Darm), verschiebt sich allerdings leicht die Säure-Basen-Balance. Übersäuerung ist die Folge. Darunter verstehen Experten die schleichende oder unterschwellige Übersäuerung (latente Azidose) des Gewebes und nicht eine Azidose des Blutes im klinischen Sinn. Während der pH-Wert des Blutes in den sehr engen Grenzen von 7,35 unbedingt stabil bleiben muss, sind beim pH-Wert des Bindegewebes größere Schwankungen möglich.

Säuredeponien im Bindegewebe

Der Säureforscher Friedrich F. Sander hatte bereits um 1950 beschrieben, wie Säuren unseren Körper belasten. Auf ihn geht auch der Begriff »latente Azidose« zurück. In diesem Zustand sind die basischen Pufferreserven im Blut teilweise reduziert, ohne dass schon messbare Veränderungen des pH-Wertes nachweisbar sind.

Bei permanenter Säurebelastung sind die Mineralreserven bald aufgebraucht. Jetzt passiert zweierlei: Einerseits muss der Körper nun seinen Knochen und Muskeln die gespeicherten basischen Mineralien (Magnesium, Kalzium) entziehen, um die überschüssigen Säuren zu binden. Für die Knochenstabilität kann das sehr ungünstig sein. In der naturheilkundlich orientierten Medizin stuft man die Osteoporose (Knochenschwund) deshalb auch als eine Art »Säurekrankheit« ein. Stark vereinfacht heißt es »die Säure frisst den Kalk«, denn der übersäuerte Körper braucht das Kalzium, um Säuren zu neutralisieren.

> In erster Linie sind es Mineralstoffe, die der Körper zum Abpuffern von überschüssigen Säuren einsetzt. Bei einer chronischen Säurebelastung benutzt er seine Basenreserven zum Ausgleich. Die Vorräte an Natrium, Kalzium, Magnesium, Eisen und Kalium gehen bei einer Übersäuerung nach und nach verloren und werden für die Bindung von Säuren herangezogen.

Sondermüll belastet

Andererseits ist der Körper jetzt gezwungen, überschüssige Säuren und Stoffwechselrückstände aus dem Säuren-Basen-Stoffwechsel im Bindegewebe als »Sondermüll« abzulagern. Folge ist eine enorme Gewebesäuerung. Die natürlichen Verhältnisse im Bindegewebe werden nachhaltig gestört, die Versorgung der Zellen und des Gewebes mit Sauerstoff und Nährstoffen beeinträchtigt. Säurehaltige Ablagerungen behindern die Ernährung und innere Reinigung der Zellen.

Gestörter Säure-Basen-Haushalt beeinträchtigt das Wohlbefinden

Ein gestörter Säure-Basen-Haushalt beeinträchtigt unser gesamtes Befinden. Häufig tauchen unspezifische Beschwerden auf, die mit dem Säure-Basen-Haushalt zunächst gar nicht in Verbindung gebracht werden. Wer sieht schon gleich einen Zusammenhang zwischen

Energiemangel, gestörtem Schlaf, einer erhöhten Allergiebereitschaft und einer Säure-Basen-Dysbalance?

In der Säureforschung weiß man schon lange, dass folgende Beschwerden in Verbindung mit einem gestörten Säure-Basen-Haushalt stehen können: Antriebslosigkeit, Müdigkeit, brüchige Nägel, Haarausfall, empfindliche Haut, Muskelverspannungen, saures Aufstoßen, Sodbrennen oder Bindegewebsschwäche, um nur einige zu nennen. Es ist wichtig, die eigentliche Ursache anzugehen und nicht nur die Symptome zu behandeln. Wer beispielsweise Sodbrennen nur mit synthetischen Anti-Säure-Medikamenten abblockt, wird die eigentliche Übersäuerung nicht auflösen.

> Weil der Säure-Basen-Haushalt zu den übergeordneten Grundregulationssystemen des Körpers gehört, ist es möglich, dass ganz verschiedene Bereiche wie Haut, Psyche oder Verdauung durch die Dysbalance betroffen sind. Sogar das vegetative Nervensystem (das unserem Willen nicht unterliegt) mit seinen Gegenspielern Sympathikus und Parasympathikus wird aus dem Gleichgewicht gebracht.

Unser Ziel: Basenreserven aufbauen – Säuren loswerden

Unser Körper funktioniert am besten, wenn alle biochemischen Prozesse im richtigen Milieu ablaufen. Dann fühlen wir uns einfach am wohlsten. Eine Voraussetzung dafür, die wir selbst schaffen können, ist die Balance im Säure-Basen-Haushalt. Die beste Möglichkeit ist eine basenreiche bzw. basenüberschüssige Ernährung. Damit legen wir Basenreserven im Organismus an, die Säureattacken leicht abwehren können. Überschüssige Säuren können so von den Basen direkt abgefangen werden und den Körper rasch wieder verlassen, ohne ihn zu belasten.

Ausgeglichene Ernährung hilft mehrfach

Basische Ernährung vitalisiert, Sie fühlen sich rundherum wohl und vielerlei Beschwerden verschwinden aufgrund des wieder erworbenen Gleichgewichts praktisch wie von selbst.

Unser gesamtes Wohlbefinden hängt von vielen Faktoren ab, die wir teilweise nicht unbedingt beeinflussen können. Manche jedoch unterliegen unserer eigenen Kontrolle und unserem Willen: Dazu gehört die Ernährung, mit der wir den Säure-Basen-Haushalt ganz entscheidend beeinflussen können.

8 Fragen rund um den Säure-Basen-Haushalt

Was wirklich stimmt ...

1 Welchen Effekt haben sauer schmeckende Nahrungsmittel im Stoffwechsel?

Ob ein Nahrungsmittel basisch ist oder nicht, können wir nicht schmecken. Denn der Geschmack sagt nichts darüber aus, wie das Nahrungsmittel im Körper verstoffwechselt wird. So schmecken Zitronen oder Grapefruits zwar sauer, wirken aber im Stoffwechsel basenbildend.

Sauerkraut und Apfelessig werden ähnlich bewertet. Entscheidend ist, welche Stoffwechselprodukte beim Abbau entstehen und ob sie im Körper als Basenspender wirken. Reife Früchte, auch wenn sie säuerlich schmecken, enthalten genügend Mineralstoffe, um ihre Säuren neutralisieren zu können.

2 Warum widersprechen sich die Angaben zum Säure-Basen-Gehalt häufig?

In der Literatur zur Säureforschung finden sich verschiedene Säure-Basen-Tabellen, die zum Teil unterschiedliche bzw. sich widersprechende Angaben zum Säure-Basen-Potenzial eines Nahrungsmittels machen. Dazu muss man wissen, dass diese Tabellen eine gute und wichtige Orientierung bieten, dass aber Nahrungsmittel keine fixe Größe mit immer gleichen Inhaltsstoffen sind, insbesondere was den Mineralgehalt angeht.

Die Basenwertigkeit unserer Lebensmittel hängt wesentlich von Anbaubedingungen, Bodenqualität, Erntezeitpunkt und Lagerung ab. Das ist der Grund, warum am Baum oder Strauch reif geerntete Früchte von hoher Basenqualität sind, unreife Früchte dagegen sauer. Auch die Zubereitungsart spielt eine Rolle. Dämpfen und andere schonende Garmethoden sind günstiger als langes Kochen oder Frittieren, bei denen viele Mineralstoffe verloren gehen.

3 Kommt es bei der Einstufung nur auf die Säurehaltigkeit des Lebensmittels an?

Nicht zuletzt ist entscheidend, wie ein Nahrungsmittel im Organismus aufgenommen und verstoffwechselt wird. Zucker ist dafür ein gutes Beispiel. Er enthält an sich kaum Säuren bzw. wird in manchen Tabellen als neutral eingestuft. Er belastet den Körper aber bei seiner Umwandlung im Stoffwechsel mit Säuren.
Säureforscher haben heute vor allem isolierte Kohlenhydrate wie weißen Zucker oder Weißmehl im Verdacht, die Übersäuerung des Gewebes zu beschleunigen.

4 Entspricht eine vegetarische Ernährung den Prinzipien der Basen-Küche?

In der vegetarischen Ernährung wird auf Fleisch, Wurst und Fisch verzichtet. Das sind genau die Nahrungsmittel, die aufgrund ihres hohen Eiweißgehaltes stark säuernd wirken. Insofern ist vegetarische Ernährung grundsätzlich basisch ausgerichtet. Allerdings wird in der vollwertigen Küche sehr viel Getreide verwendet. So haben Dinkel, Roggen & Co. zwar sehr viele gesunde Inhaltsstoffe (z. B. Kalium, Magnesium, Ballaststoffe), doch sie haben einen Nachteil: Sie wirken säurebildend.
Nach den Säure-Basen-Tabellen haben Vollkorn, Vollkornreis und Hülsenfrüchte (paradoxerweise) sogar mehr Säurepotenzial als Weißmehl oder geschälter Reis. Doch das Säurepotenzial ist ja nicht das einzige Kriterium, um die Wertigkeit eines Nahrungsmittels zu beurteilen. Aus ernährungswissenschaftlicher Sicht sind Vollkornprodukte wegen ihrer wertvollen Inhaltsstoffe grundsätzlich Auszugsmehl vorzuziehen und bekommen von den Säureforschern deshalb eine neutrale oder positive Bewertung. Um die Basen-Balance zu halten, sollten Vegetarier öfter Getreide gegen Kartoffeln austauschen oder mit viel frischem Gemüse zubereiten.

> **Achtung:** Viele Vegetarier essen gerne Süßes und Käse – beides sehr säurereiche Lebensmittelgruppen. Eine gute Alternative sind leckere basische Brotaufstriche sowie Trockenfrüchte, Mandeln und Desserts mit natürlicher Süße. Mandeln und Nüsse haben allerdings einen hohen Fettgehalt.

Grundlagen der Säure-Basen-Theorie

5 Was kann man tun, wenn man an einem Tag sehr viele Säuren zugeführt hat?

Eine gesunde Balance herzustellen dauert seine Zeit. Dennoch können Sie sich mit bestimmten Nahrungsmitteln schnell besser fühlen. Hier bekommt der Körper hochwertige Basen als Sofortprogramm und zur Neutralisation: z. B. getrocknete Feigen, Gurken (z. B. Gurkenmousse, Seite 52), eine Basensuppe oder die altbewährte Gemüsebouillon (Seite 56). Quellwasser oder ein basisches Heilwasser helfen ebenfalls beim Ausgleich der Säurelast.

6 Kann ich abnehmen, wenn ich mich an den Rezepten im Säure-Basen-Kochbuch orientiere?

Mittel- und langfristig auf jeden Fall. Besonders erfolgreich ist Ihr Vorhaben, wenn Sie regelmäßig jede Woche einen Entlastungstag einlegen (Seite 30–31). Ihr Körpergewicht pendelt sich mit der Zeit ganz natürlich auf Ihr persönliches Wohlfühlgewicht ein.

7 Wie schnell beeinflussen Ernährung und Verhalten die Säure-Basen-Balance im Körper?

Jedes Mal, wenn wir basenüberschüssig essen, reines (Quell-)Wasser trinken, uns körperlich bewegen, sportlich betätigen (am besten Ausdauersport) oder Stress abbauen, geben wir dem Körper die Möglichkeit, sich von Säuren, die im Bindegewebe »geparkt« sind, zu befreien. Jede dieser Maßnahmen zählt also auf dem Basenkonto. Ideal ist eine Ernährung mit 80 % Basenspendern und 20 % säurelastigen Nahrungsmitteln. Wegen des hohen Anteils an tierischem Eiweiß ist dieses Verhältnis aber bei vielen Menschen umgekehrt oder stark verschoben.

Eine Übersäuerung lässt sich am besten durch eine basenreiche Ernährung ausgleichen, die allerdings langfristig angelegt sein sollte. Der Körper blüht regelrecht auf, wenn er entsäuert und gut mit Basen versorgt wird. Viele Menschen fühlen sich schon nach wenigen Wochen besser. Und so allerlei Beschwerden wie Abgeschlagenheit, Verspannungen oder Rückenschmerzen verschwinden. Die unterstützende Einnahme von Basenpräparaten kann vorübergehend sinnvoll sein.

8 Fragen rund um den Säure-Basen-Haushalt

8 Wie kann man den Säure-Basen-Haushalt messen?

Für die Messung des Säure-Basen-Haushaltes werden verschiedene Blut- und Urinuntersuchungen angeboten. Die einfachste und günstigste Methode ist die Bestimmung des Urin-pH-Wertes, der stark von unserer Ernährung abhängt.

Mit Indikatorstreifen aus der Apotheke kann man selbst mehrmals am Tag den Urin untersuchen. Am Morgen werden sehr viele Säuren ausgeschieden, sodass der pH-Wert zu diesem Zeitpunkt im sauren Bereich unter 7 (7 = neutral) liegt. Fleischreiche Ernährung verschiebt den Urin weiter in den sauren Bereich, viel Gemüse und Obst mehr in den basischen Bereich.

Diese Messungen liefern nur grobe Hinweise über die Ausscheidung von Säuren; sie sagen jedoch nichts über den Säurezustand im Bindegewebe aus. Aufwendigere Untersuchungen bieten der Arzt oder Heilpraktiker an. Dazu gehört beispielsweise die Untersuchung der Pufferkapazitäten im Blut (nach Jörgensen). Sie soll Auskunft über den Säurezustand der Zellen liefern. Verminderte Pufferkapazitäten weisen auf eine Übersäuerung hin. Viele Therapeuten wenden zudem noch andere Tests wie etwa den Azidosegriff nach Dr. Collier an. Dabei werden Hautfalten an verschiedenen Körperstellen gebildet, deren Konsistenz Rückschlüsse auf den Grad der Übersäuerung liefern soll.

> Bei wiederholten Messungen am Tage liegen die Werte nach basenreichen Mahlzeiten im Normalfall über 7. Wenn der pH-Wert hingegen ständig im sauren Bereich liegt, kann dies auf eine Blockade im Säure-Basen-Haushalt hinweisen. Dann sollte die Ernährung unbedingt umgestellt und basenorientiert gekocht werden.

Der Geschmack von Lebensmitteln lässt keine Rückschlüsse auf Ihre Wirkung zu – so schmecken Zitrusfrüchte zwar sauer, wirken im Körper aber basisch.

Basenfreundliche
Ernährung ist gesund

Eine latente Übersäuerung lässt sich hervorragend durch die Ernährung beeinflussen bzw. verhindern. Wer einige Regeln beachtet, wird die wohltuende Wirkung des Basenkochens bald feststellen. Bei der Auswahl Ihrer Getränke können Sie ebenfalls punkten: Basenfreundliche Wässer und Tees liefern zusätzlich reichlich Basenreserven. Außerdem finden Sie einen Ernährungsplan für eine Woche sowie Tipps für einen oder mehrere Entlastungstage. Für all diejenigen, die ihren Körper intensiv reinigen und entsäuern möchten, gibt es ein effektives Begleitprogramm.

Je stärker die Basenreserven, desto besser die Abwehr von »Säureattacken«. Wer überwiegend basenüberschüssig kocht, kann auch mal die Pasta beim Italiener um die Ecke genießen.

Tag für Tag auf dem Basenkonto punkten

10 Tipps für basisches Kochen und Essen

Um in eine Säure-Basen-Balance zu gelangen oder darin zu bleiben, ist es wichtig, einige Grundsätze langfristig zu berücksichtigen. Beim Basenkochen gibt es keine verbotenen Nahrungsmittel. Auf den folgenden Seiten finden Sie Tipps für basenorientiertes Essen und Trinken. Sie werden sehen, wie angenehm und unkompliziert die Umstellung ist.

1 Kartoffeln, Nudeln & Co.

Kartoffeln sind basisch, Nudeln und Reis säurebildend. Deshalb sollten Kartoffeln in allen Variationen häufig auf Ihrem Speiseplan stehen. Nudeln und Reis können auch in Zukunft auf den Tisch kommen. Es hängt bei ihnen ganz davon ab, wie Sie sie zubereiten: Mit frischem Gemüse, fruchtigen Tomaten und reichlich Salat wird aus dem Nudel- oder Reisgericht eine basenüberschüssige Mahlzeit.

Ersatz für starke Säuren

Top-Säuren	Alternativen
Fleischbrühe	Gemüsebrühe
Innereien	Geflügel
Meeresfrüchte	Meeresfisch

2 Fleisch in kleinen Mengen

Hin und wieder Lust auf Fleisch? Warum nicht, entschärfen Sie das Ganze einfach mit frisch gedünstetem Gemüse der Saison und Kartoffeln und lassen dafür Knödel oder Spätzle weg. Außerdem muss es ja nicht ein riesiges Steak sein. Ideal sind kleine, fettarme Portionen, die weniger als Salat und Gemüse ausmachen. Wenn Fleisch, dann ist Bio-Fleisch zu bevorzugen: Es garantiert hohe Qualität (das Fleisch ist aromatischer und fester) und eine einwandfreie Tierhaltung. Das Futter besteht größtenteils aus Bio-Getreide. Außerdem stehen die Tiere nicht unter Stress (zusätzliche Übersäuerung!), weil sie über genügend Platz verfügen und ganzjährig Auslauf ins Freie haben.

3 Getränke: Damit lassen sich leicht Basen punkten

Quellwasser, Mineralwasser und basische Kräutertees (Seite 24–27) – eine Wohltat für die Basenvorräte. Den Körper mit Basen regelrecht fluten – das ist mit Heilwässern (Seite 25) möglich, die einen hohen

Mineralgehalt haben. Basenpower haben besonders kalzium- und magnesiumreiche Wässer. Heilwässer sind nicht für den ständigen Gebrauch gedacht, aber vorübergehend sehr hilfreich. Wichtig ist auch, dass Sie jeden Tag genügend trinken, etwa 2 Liter. Wer Kaffee oder schwarzen Tee mag, braucht nicht darauf zu verzichten, sollte sich aber auf etwa 2 Tassen täglich beschränken.

4 Zum guten Essen gehört auch mal ein guter Tropfen

Helles Bier ist im leicht sauren Bereich angesiedelt, Pils und dunkles Bier sind leicht basisch. Es gibt einfach Gerichte und Situationen, da macht Bier das Essen perfekt: beim Grillen oder bei einer Brotzeit im Biergarten. Das gleichen Sie aus mit frischem Sommersalat, Gurken oder Gemüsesticks. Wein wird leicht basisch bewertet. Am besten greifen Sie zu Rotwein. Aber Achtung: Er muss trockenen Charakter haben.

> Geben Sie trockenem Rotwein den Vorzug, am besten, wenn er in Eichenrindenfässern (Barrique) gereift ist. Die darin gebildeten Stoffe, in kleinen Mengen aufgenommen, stärken Herz und Gefäße. Größere Mengen Alkohol sind dagegen generell schädlich.

5 Auf das Brot: Schinken, Käse und Salami

Hier lauern die versteckten Säuren, an die keiner denkt, weil ein belegtes Brot schnell mal nebenher genascht wird. Dabei können Sie gerade bei diesen kleinen (Zwischen-)Mahlzeiten basenmäßig punkten. Wurst wie Salami oder Bierschinken wirkt säurebildend. Käse wird ernährungswissenschaftlich positiv eingestuft, weil er reichlich Kalzium enthält. Wenn man ihn allerdings aus dem Blickwinkel der Säure-Basen-Balance betrachtet, kommt er weniger gut weg: Bestimmte Käsesorten wie Cheddar, Schmelzkäse oder Parmesan haben sogar einen höheren Säurewert als viele Fleisch- und Wurstwaren. Frischkäse schneidet von allen Käsearten am besten ab.
Brot ist ebenfalls säuernd. Von allen Brotsorten wird Sauerteigbrot am besten bewertet. Eine Alternative ist ein Brot aus Kartoffeln (Seite 118).

6 Gemüse: zurück zu den Wurzeln

Wurzel- und Knollengemüse machen auf den ersten Blick nicht so viel her wie leuchtend rote Tomaten oder gelbe Paprikaschoten, doch basenmäßig sind sie die Favoriten. Möhren, Kartoffeln, Petersilienwurzel und Rote Bete lassen sich zudem lecker zubereiten. Auch grünes Gemüse und Salate haben eine sehr positive Basenbilanz. Ganz oben stehen hier Spinat, Zucchini und Feldsalat. Im Winter, wenn weniger frisches Gemüse angeboten wird, können Sie frische Sprossen verwenden. Mit frischen Kräutern wie Basilikum, Petersilie oder Schnittlauch lässt sich jedes Gericht basisch aufwerten.

7 Berufstätig und wenig Zeit zum Kochen?

Von Ihren basischen Lieblingssuppen können Sie ruhig eine größere Menge zubereiten und portionsweise in kleinen Behältern einfrieren. Die Suppen können im Wasserbad rasch aufgetaut oder auf dem Herd erwärmt werden. Gut ist auch ein kleiner Vorrat an Salatsauce im Kühlschrank, der für einige Tage reicht.

8 Die besten Fette & Öle

Für gutes Öl sollten Sie etwas mehr Geld ausgeben. Sonnenblumen- und Olivenöl wirken im Stoffwechsel neutral, das heißt sie belasten nicht mit Säuren, haben aber viele Vorteile: Ihre ungesättigten Fettsäuren werden vom Körper u. a. zur Herstellung von Zellmembranen und lebensnotwendigen Botenstoffen verwendet.
Der Säuregehalt eines Nahrungsmittels ist natürlich nicht das einzig entscheidende Kriterium bei der Bewertung. Das wird deutlich am Beispiel Margarine: Sie wirkt schwach basisch, trotzdem bevorzugen wir die leicht säuernde Butter, weil sie stärker naturbelassen ist.

9 Zucker und andere Süßmacher

Laut den Säure-Basen-Tabellen wirkt Zucker nicht säuernd bzw. wird neutral eingestuft. Aber das ist nur die eine Seite. Die andere Seite ist, dass Zucker mit verschiedenen Nahrungsmitteln im Darm Gärungsprozesse auslösen kann, die eine Säurebelastung hervorrufen. Honig liegt leicht im basischen Bereich und Melasse reagiert im Körper basisch, dennoch sollten Sie Zucker und andere Süßungsmittel zurückhaltend einsetzen. Natürliche Süße liefern reifes Obst, Mandeln oder ungeschwefelte Trockenfrüchte wie Datteln und Feigen.

10 Die richtige Kombination ist alles!

Idealzustand: 80 % unserer Nahrung sollten basisch oder neutral und 20 % dürfen säuernd sein. Wer Brot, Nudeln und Reis liebt, der darf und soll sie auch weiterhin essen. Es kommt letztlich auf die richtige Kombination an: Ganz leicht lässt sich ein zunächst säureüberschüssiges Gericht mit frischem Salat, Obst und Gemüse in den basischen Bereich verschieben. Vermeiden sollten Sie die Kombination mehrerer starker Säurebildner in einer Mahlzeit, etwa Nudeln mit Gulasch oder Reis mit Garnelen.

Besser basenreich essen

In dieser Tabelle finden Sie säurelastige Lebensmittel und daneben basenreiche Alternativen. Wie Sie sehen, können sich die basenreichen Nahrungsmittel kulinarisch durchaus neben den säurelastigen behaupten.

▸ Säurelastige Nahrungsmittel	▸ Basenreiche Nahrungsmittel
Fleisch	Tofu und Sojaprodukte, Maronen
Wurst	Pflanzliche Aufstriche, Frischkäse
Pommes frites, Chips	Pellkartoffeln, Salzkartoffeln, Bircher-Kartoffeln
Süßigkeiten, Schokolade, Pralinen	Obstdesserts; getrocknete Früchte wie Feigen, Datteln und Rosinen
Zucker	Melasse, Honig
Saure, unreife Früchte	Süße, an der Sonne gereifte Früchte
Konserven	Frisches, erntereifes Gemüse, Sprossen
Schmelzkäse, Hartkäse	Frischkäse
Quark	Frischer Naturjoghurt, frische Sahne
Limonaden, Light-Getränke, Cola	Frische Obst- und Gemüsesäfte, Gemüsebrühe Reines Quellwasser, Mineral- und Heilwässer
Früchtetee	Kräutertee, Roibuschtee
Raffiniertes Pflanzenöl	Kalt gepresstes Pflanzenöl wie Sonnenblumen-, Raps- oder Olivenöl
Tierische Fette wie Schmalz oder Speck	Kalt gepresste Pflanzenöle, Butter
Marmelade	Frische Fruchtaufstriche, Honig, Mandelmus
Weißmehlprodukte	Kartoffelbrot, Vollkornprodukte
Kuchen	Apfelbrot, Obstkuchen, Kuchen mit Frischkäse
Essigessenz	Zitronen-, Limettensaft, milder Obst- und Apfelessig, Aceto balsamico
Fertig gekaufte Frucht-Buttermilch mit Geschmackszusätzen	Molke, Kefir

Geeignete Getränke für Basen-Power

Wasser transportiert Säuren ab

Natürliches Wasser ist der beste Basenspender. Jedes Mal, wenn Sie reines Wasser ohne Kohlensäure oder einen basischen Kräutertee trinken, wirkt sich das positiv auf Ihre Säure-Basen-Bilanz aus. Denn die Flüssigkeit durchflutet das Gewebe und unterstützt den Abtransport und die Ausscheidung von Säuren. Ideal für Zellen und Gewebe sind etwa 2 Liter Flüssigkeit pro Tag (Wasser und Kräutertees; Kaffee und Tee werden extra gerechnet). Wenn Sie genügend trinken, kann der Körper belastende Stoffe viel schneller loswerden.

Basenfreundliche Heil- und Mineralwässer

Mineral-, Quell- und Heilwasser sind natürlichen Ursprungs und werden direkt an der Quelle abgefüllt. Reine Wässer sind besonders gut zum Reinigen und Entsäuern der Zellen. Auch gegen Leitungswasser, wenn es von hoher Qualität ist wie etwa das Münchner Wasser, ist nichts einzuwenden.

Heilwässer haben einen höheren Anteil an Mineralstoffen als herkömmliche Mineralwässer, der vom Gesetzgeber vorgeschrieben ist. Nicht umsonst heißen sie Heilwässer, denn sie werden gezielt bei verschiedenen Beschwerden oder zur Vorbeugung von Krankheiten eingesetzt. Auch den Säure-Basen-Haushalt können sie positiv beeinflussen. Besonders sinnvoll ist ihr Einsatz, um Beschwerden zu beheben, die ihren Ursprung in einem gestörten Säure-Basen-Haushalt haben, etwa Sodbrennen oder Steinleiden. Weitere Anwendungen für Heilwässer sind Magen- und Darmerkrankungen (z.B. bei zu viel Ma-

Reines Wasser ohne Kohlensäure wirkt Wunder im Organismus, es reinigt und transportiert Säuren ab.

gensäure), Herz-Kreislauf-Beschwerden sowie Blasen- und Nierenerkrankungen. Heilwässer regen die Ausscheidung von Säuren über Darm, Haut und Nieren an.

Wichtige Inhaltsstoffe

Im Handel werden Hunderte von Heil- und Mineralwässern angeboten. Beim Kauf sollten Sie ein Augenmerk auf den Gehalt an Hydrogencarbonat und basenbildenden Mineralstoffen haben. Gute Quellen sind beispielsweise Adelheid-Quelle mit einem hohen Gehalt an Hydrogencarbonat und Kalium, Bad Wildunger Helenenquelle mit reichlich Hydrogencarbonat, Eisen und Magnesium sowie Fontanis classic mit viel Kalzium.

Menschen mit erhöhtem Blutdruck sollten auf den Natriumgehalt achten. Etwa 30 % von ihnen reagieren auf Natrium mit einer Steigerung des Blutdrucks. Wer unter Nieren- oder Herzschwäche leidet, darf allgemein nicht so viel trinken. Heilwässer sind quasi ein flüssiges Arzneimittel und daher für den vorübergehenden Gebrauch gedacht. Wer unsicher ist, sollte seinen Arzt fragen.

> **Kleines Mineralwasser-Glossar**
> ▶ **Hydrogencarbonat:** wirkt gegen Übersäuerung, hilft bei Sodbrennen und beugt Harnsteinen vor. Harnsäure kann besser gelöst und ausgeschieden werden.
> ▶ **Magnesium:** ist basenbildend und an Stoffwechselvorgängen beteiligt. Das Mineral ist wichtig für die Nerven- und Muskelfunktion. Wer sportlich aktiv ist, hat einen erhöhten Bedarf an Magnesium.
> ▶ **Kalium:** wichtiges Mineral für die Zellfunktion. Es ist am Wasser- und Säurehaushalt beteiligt.
> ▶ **Kalzium:** stärkt Knochen und Zähne. Wichtig für Osteoporose-Vorbeugung.

Die verschiedenen Wässer

Mineralwasser: wird aus unterirdischem Wasservorkommen gewonnen. Der Eisen- und Kohlensäuregehalt darf vom Hersteller verändert werden.

Heilwasser: hat den höchsten Anteil an Mineralien und unterliegt dem Arzneimittelgesetz, weil bei Heilwasser eine therapeutische Wirksamkeit bei bestimmten Krankheiten nachgewiesen ist. Es ist kein Ersatz für unser normales Wasser, sondern zum kurmäßigen Trinken gedacht.

Quellwasser: enthält häufig weniger Mineralstoffe als Mineral- und Heilwasser. In vielen Gegenden gibt es noch natürliche Quellen, deren Qualität von Behörden regelmäßig überprüft wird.

Tafelwasser: ist kein hochwertiges und natürliches Produkt. Es wird aus Trinkwasser gewonnen, dem Mineralstoffe oder Kohlensäure zugesetzt werden.

Basenfreundliche Ernährung ist gesund

> Probieren Sie verschiedene Rezepte aus und wechseln Sie die Tees nach einer Weile. Die Zutaten bekommen Sie in der Apotheke.

Basische Teerezepte

Unterstützung für einen stabilen Säure-Basen-Haushalt kommt auch aus der Natur. Einige Heilpflanzen fördern die Entsäuerung und haben neutralisierende Eigenschaften. Basenfreundlich und lecker sind Blütentees wie Orangenblütentee, Lindenblütentee und Holunderblütentee. Positiv für die Basenbilanz sind zudem Zitronenverbene, Zitronenmelisse sowie Rosmarin.

Basischer Haustee

Je 50 g Brombeerblätter, Himbeerblätter, Orangen- oder Pomeranzenblüten mischen. 1 TL der Mischung mit einer Tasse kochendem Wasser übergießen, 10 Minuten zugedeckt ziehen lassen, abseihen.

Apfelschalentee

1 bis 2 TL getrocknete und zerkleinerte Apfelschalen mit 250 ml siedendem Wasser aufsetzen, 10 Minuten zugedeckt ziehen lassen, abseihen und warm trinken.

Klassischer Entsäuerungstee

Je 50 g Fenchelsamen, Kümmelsamen, Anissamen mit 30 g Süßholzwurzel mischen. 1 EL der Mischung mit 1 Liter Wasser zum Kochen bringen. Einmal aufkochen und anschließend zugedeckt etwa 5 Minuten ziehen lassen. Abseihen, in eine Thermoskanne abfüllen und über den Tag verteilt trinken.
▶ Dieser Tee unterstützt die Entsäuerung und wird deshalb auch im Rahmen von Reinigungs- und Fastenkuren eingesetzt.

Stoffwechseltee

30 g Löwenzahn, 20 g Brennnesselblätter, 20 g Ackerschachtelhalm, 10 g Holunderblüten mischen. 1 TL der Mischung mit einer Tasse kochendem Wasser übergießen, 10 Minuten ziehen lassen und abseihen. Drei bis vier Tassen über den Tag verteilt trinken, kurmäßig über 2 bis 3 Wochen.
▶ Wer das Bindegewebe kräftigen und die Entgiftung anregen will, trinkt diesen Tee: Löwenzahn und Brennnessel regen den Stoffwechsel an, wirken blutreinigend und unterstützen die Nierenfunktion. Ackerschachtelhalm stärkt das Bindegewebe, während Holunderblüten die Ausscheidung von Säuren über die Haut fördern.

Geeignete Getränke für Basen-Power

Tees mit Ingwer

Aus der Lehre des Ayurveda kommen Teezubereitungen mit Ingwer, die säureneutralisierende, vitalisierende und reinigende Eigenschaften besitzen.
▶ Trinken Sie Ingwertee über den Tag verteilt, die letzte Tasse am frühen Nachmittag, da er anregend wirkt.

Reinigendes Ingwer-Wasser

1 cm frischen Ingwer schälen, in feine Scheibchen schneiden und mit 1 Liter kochendem Wasser überbrühen, je nach Geschmack etwa 15 Minuten ziehen lassen, in eine Thermoskanne füllen.
▶ Variationen: mit einem Spritzer frischen Zitronensaft und ganz wenig Honig ergänzen oder Ingwer mit 1 EL Kreuzkümmel oder Kümmelsamen aufkochen.

Roibuschtee

1 TL mit einer Tasse kochendem Wasser übergießen und einige Minuten nach Geschmack zugedeckt ziehen lassen und abseihen (kann für einen zweiten Aufguss verwendet werden).
▶ Der aus Südafrika stammende Roibuschtee enthält Eisen, Kupfer, Natrium und Kalium und ist frei von Koffein. Er besitzt eine milde natürliche Süße und wirkt neutralisierend.

Wärmender Roibusch-Zimt-Tee

2 gehäufte TL Roibuschtee, 1 Stückchen Zimtstange (ca. 3 bis 4 cm), 1 Sternanis, 2 Nelken, 3 dünne Scheiben Ingwer. Gewürze im Mörser zerstoßen. Mit Roibuschtee und Ingwer in eine Kanne geben. Mit 1 Liter kochendem Wasser übergießen, 5 bis 10 Minuten ziehen lassen. Zimtstange entfernen, abseihen und ggf. mit etwas Honig abschmecken.

Aus den getrockneten Blättern von Himbeeren und Brombeeren lässt sich basenstarker Tee brauen.

Begleitprogramm für eine intensive Entsäuerung

Helfer im menschlichen Organismus

Der Körper besitzt verschiedene Organsysteme, über die er überschüssige Säuren loswerden und sich selbst reinigen kann. Neben dem Blut sind es vor allem Darm, Nieren, Lunge, Leber und Haut.

Lunge

Über die Atmung wird Kohlensäure abgegeben. Bei oberflächlicher Atmung bleiben Säuren zurück. Darum ist es so wichtig, regelmäßig und tief zu atmen.

Nieren

Arbeiten wie eine Kläranlage. Sie brauchen neutrale Flüssigkeit wie Wasser, um Säuren und andere belastende Stoffe auszuscheiden. Reichlich trinken kurbelt die Ausscheidung von Schlackenstoffen an.

Haut

Regen Sie die Durchblutung an durch Sport. Ideal sind Bewegungsformen mit geringer, aber stetiger Belastung wie Radfahren, Schwimmen, Joggen oder Nordic Walking. Jeden Tag sollten Sie mindestens einmal ins Schwitzen geraten. Für den Körper ist das ein wichtiges Ausleitungsventil für Säuren. Gut sind zudem regelmäßig Saunabesuche. Die Haut wird auch als »dritte Niere« bezeichnet, da sie wesentlich zur Entsäuerung und Entgiftung des Organismus beiträgt. Wenn Sie unter Herz-Kreislauf-Erkrankungen leiden oder ein sensibles Herz-Kreislauf-System haben, sollten Sie vor Anwendungen wie Sauna oder Vollbädern mit Ihrem Arzt sprechen.

> Wir können den Körper unterstützen, indem wir basenreich essen und dafür sorgen, dass Säuren schnell ausgeschieden werden.

Darm

Ist die Verdauung in Ordnung, werden belastende Stoffwechselendprodukte über den Darm ausgeschieden. Fehlerhafte Keimbesiedelung oder andere Störungen führen zur Übersäuerung. Eine basen- und ballaststoffreiche Ernährung fördert die Gesundheit des Darms.

Leber

Die Leber ist das wichtigste Entgiftungsorgan unseres Körpers. Über sie werden schädliche und überschüssige Stoffe abgebaut und ausgeschieden. Ein gestörter Säure-Basen-Haushalt belastet die Entgiftungsfunktion der Leber.
Verwöhnen Sie Ihre Leber mit einem Leberwickel: 2 TL basisches Natriumbicarbonat in 250 ml heißem Wasser auflösen. Ein Tuch oder einen Waschlappen eintauchen, ausdrücken und so warm wie möglich auf die Leber (im Rippenbogen rechter Oberbauch) legen. Darüber kommt ein Handtuch und anschließend eine Wärmflasche. Der Entgiftungswickel kann so lange liegen bleiben, bis er abgekühlt ist. Ideale Zeit: am Wochenende nach dem Mittagessen oder abends im Bett.

Lymphsystem

Neben den Blutgefäßen gibt es noch ein weiteres System, das unseren Körper von Kopf bis Fuß durchzieht und dabei wichtige Abwehr- und Filterfunktionen erfüllt: das Lymphsystem. Als »Gewebewasser« transportiert die Lymphe aus den Zellen und Zellzwischenräumen Stoffwechselendprodukte und überschüssige Flüssigkeit ab. Pro Tag werden so etwa zwei Liter Lymphflüssigkeit gebildet, die für die Entgiftung und Reinigung des Körpers lebensnotwendig sind.

So unterstützen Sie die Entsäuerungssysteme des Körpers

In der Tabelle finden Sie Maßnahmen, mit denen Sie Ihrem Körper bzw. einzelnen Organen und Organsystemen helfen können.

Hilfe für jedes Entsäuerungsorgan

Organ	Maßnahme
Darm	▸ Basenüberschüssige Ernährung ▸ Viele Ballaststoffe (binden Stoffwechselschlacken) ▸ Entlastungstage
Nieren	▸ Ausreichend trinken: reines kohlensäurefreies Wasser, Stoffwechsel- und Kräutertees
Haut	▸ Säuren ausschwitzen beim Sport und in der Sauna
Lunge	▸ Säuren abatmen. Tiefes Einatmen und Ausatmen ▸ Bewegung an der frischen Luft
Leber/Galle	▸ Leberentlastungswickel (s. o.) ▸ Stoffwechseltee
Lymphe	▸ Massagen ▸ Lymphdrainage

Basenfreundliche Ernährung ist gesund

»Kleine Sünden wieder gut machen«

1, 2 oder 3 Entlastungstage

Wer beim Essen mal wieder für einen tüchtigen Säureschub gesorgt hat, sei es im Wirtshaus, auf der Party oder an der Imbissbude, dem tun Entlastungstage wie diese richtig gut. Machen Sie 1, 2 oder 3 Entlastungstage, wie es Ihnen am besten passt.
Ideal ist eine Wochenendkur und besonders gut für die Basenbilanz ist ein regelmäßiger Basentag pro Woche. Entscheiden Sie selbst, welcher Tag dafür in Frage kommt: vielleicht Montag, Mittwoch oder Freitag.

1. Entlastungstag

Ernährung
▶ Tagesplan
Frühstück: Molke-Basendrink (Seite 40) + Entsäuerungstee (Seite 26)
Vormittagssnack: 1 Banane + reinigendes Ingwer-Wasser (Seite 27)
Mittagessen: Grüner Salat mit Orangensauce (Seite 75) + Pellkartoffeln mit Gemüse-Tomaten-Sauce (Seite 76) + Quellwasser
Nachmittagssnack: Gemüsebouillon (Seite 56)
Abendessen: Fenchelgemüse mit Möhren (Seite 89) + Brot mit basischer Möhrencreme (Seite 51)

Bewegung
▶ Fahren Sie mit dem Rad zum Wochenmarkt und kaufen Sie frisches Obst und Gemüse ein.

Wohlfühlen
▶ Atmen Sie die Säuren im Körper einfach ab – mit Atemübungen am offenen Fenster

»Kleine Sünden wieder gut machen«

2. Entlastungstag

Ernährung
▸ Tagesplan
Frühstück: Buchweizenfrühstück mit frischen Früchten (Seite 46) + Entsäuerungstee (Seite 26)
Vormittagssnack: 1 Glas Kefir
Mittagessen: Feldsalat mit Austernpilzen (Seite 65) + Fixe Gärtnersuppe nach Münchner Art (Seite 59) + Quellwasser
Nachmittagssnack: 1 Schälchen getrocknete Feigen und Rosinen
Abendessen: Bircher-Kartoffeln (Seite 80) mit schnellem Frühlingsgemüse (Seite 79)

Bewegung
▸ Machen Sie Sport oder gehen Sie in die Sauna – so werden die Säuren ganz einfach »aus dem Körper geschwitzt«.

Wohlfühlen
▸ Gönnen Sie sich eine Massage – entweder vom Fachmann oder selbst gemacht mit fein duftenden Ölen.

3. Entlastungstag

Bewegung
▸ Raus an die frische Luft – je mehr, umso besser! Gehen Sie spazieren, im zügigen Marsch, das Wetter spielt keine Rolle.

Wohlfühlen
▸ Gönnen Sie sich ein Basenbad und nehmen Sie sich bewusst ausreichend Zeit zur Entspannung, mit schöner Musik, Yoga oder Meditation.

Ernährung
▸ Tagesplan
Frühstück: Geschäumte Sojamilch mit Kirschsaft (Seite 39) + Entsäuerungstee (Seite 26)
Vormittagssnack: Gemüsebouillon (Seite 56)
Mittagessen: Gemüsesticks mit Tomatenfrischkäse (Seite 75) + Quellwasser
Nachmittagssnack: Obstteller aus Birne und Apfel + Blütentee (Seite 26)
Abendessen: Kürbissuppe mit Ingwer und Sahne (Seite 55)

Der Säure-Basen-Plan für 1 Woche

Warum nicht mal eine ganze Woche lang den Basenhaushalt auf Vordermann bringen? Sie werden schnell merken, wie gut das tut und dass Sie gar nicht mehr Arbeit haben, als wenn Sie »normal« kochen würden.

1. Tag	Frühstück	Apfelbrot mit Rosinen und Mandeln (Seite 119) und Dattelcreme (Seite 49)
	Vormittagssnack	Molke-Basendrink (Seite 40)
	Mittag	Kürbissuppe mit Ingwer und Sahne (Seite 55)
	Nachmittagssnack	1 Banane
	Abendessen	Marinierter Tofu (Seite 77) mit Frühlingsgemüse (Seite 79)
2. Tag	Frühstück	Amarant-Müsli mit Sultaninen und Kokos (Seite 45)
	Vormittagssnack	Frisches Obst
	Mittag	Kartoffelpizza mit Schafkäse (Seite 81)
	Nachmittagssnack	Pfirsich-Zimt-Kompott (Seite 116)
	Abendessen	Feine Kerbelsuppe (Seite 63) Sauerteigbrot mit Schinken
3. Tag	Frühstück	Geschäumte Sojamilch mit Kirschsaft (Seite 39)
	Vormittagssnack	Vollkornbrot mit gerösteter Sonnenblumencreme (Seite 51)
	Mittag	Bunter Salat mit Hähnchenbrust (Seite 68)
	Nachmittagssnack	Schälchen mit Rosinen, Mandeln und Datteln
	Abendessen	Kartoffelgratin mit Blattspinat (Seite 81)

Der Säure-Basen-Plan für 1 Woche

4. Tag	Frühstück	Buchweizenfrühstück mit frischen Früchten (Seite 46)
	Vormittagssnack	Gemüsebouillon (Seite 56)
	Mittag	Misosuppe mit Basengemüse (Seite 62)
	Nachmittagssnack	Mango-Lassi mit Limettensaft (Seite 38)
	Abendessen	Schlemmer-Burger mit pikanter Gemüsesauce (Seite 88)
5. Tag	Frühstück	Sauerteigbrot mit frischem Mango-Kiwi-Aufstrich (Seite 47) und Möhren-Apfel-Saft mit Sellerie (Seite 39)
	Vormittagssnack	Obstteller mit Birne und Beeren
	Mittag	Pasta mit würziger Tomatensauce (Seite 85) und Rucolasalat mit Zitronendressing (Seite 67)
	Nachmittagssnack	Basmati-Kokosreis mit Feigen (Seite 116)
	Abendessen	Leichtes Kräuterschaumsüppchen (Seite 58)
6. Tag	Frühstück	Wärmendes Dinkel-Porridge mit Kokos (Seite 47)
	Vormittagssnack	Grüner Tee mit Traubensaft (Seite 41)
	Mittag	Schwertfisch vom Grill (Seite 92) mit Salat
	Nachmittagssnack	Ananas-Creamer (Seite 44)
	Abendessen	Kartoffelsuppe (Seite 57)
7. Tag	Frühstück	Brötchen mit Feigenbutter (Seite 46) und Sanddorndrink mit Vanille (Seite 43)
	Vormittagssnack	Geschäumte Sojamilch mit Kirschsaft (Seite 39)
	Mittag	Thymian-Ratatouille mit Hühnerbrust (Seite 104)
	Nachmittagssnack	Beeren-Crumble (Seite 113)
	Abendessen	Maronen mit Rotkraut (Seite 76)

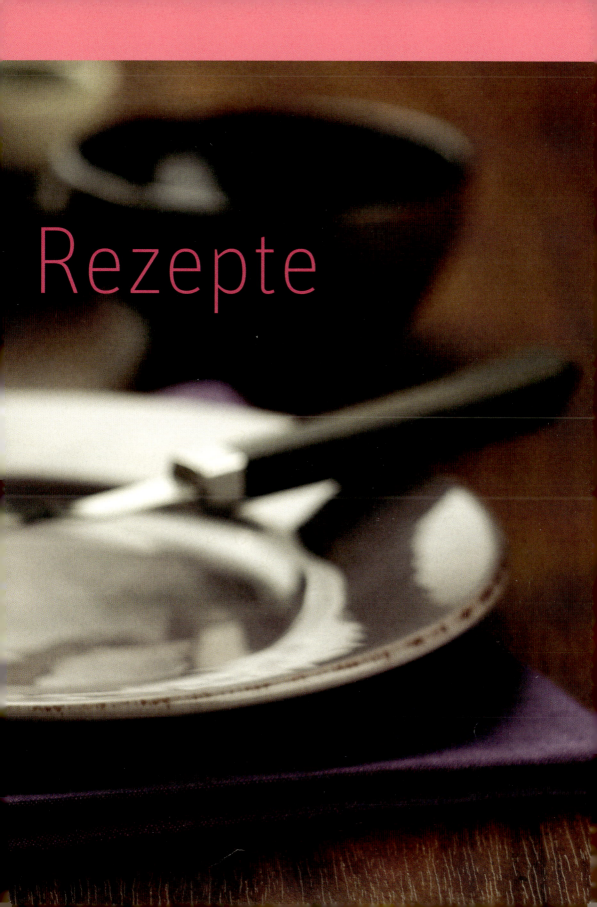

Rezepte

MANGO-LASSI MIT LIMETTENSAFT | MELONENDRINK MIT HEIDELBEEREN

Gesund genießen mit Säure-Basen-Power

Sie möchten eine positive Basenbilanz und Ihren Säure-Basen-Haushalt von Grund auf stabilisieren? Das Essen soll außerdem lecker schmecken, ohne dass Sie dafür lange in der Küche stehen? Ist das zu viel verlangt? Nicht bei diesen Rezepten, mit denen eine basengesunde Ernährung ganz leicht ist.

Beim Basenkochen ist übrigens nichts verboten – Sie dürfen grundsätzlich alles essen. Entscheidend ist, dass die Ernährung im Tagesdurchschnitt basenüberschüssig ist. Das gelingt mit der richtigen Kombination.

Nutzen Sie den praktischen Säure-Basen-Wegweiser: Basensterne bei jedem Gericht geben schnell Orientierung. Die genaue Beschreibung dazu finden Sie auf Seite 122.

Frühstück, Drinks & Snacks

Melonendrink mit Heidelbeeren

Foto Seite 36 | Für 4 Gläser | ca. 10 Minuten

500 g gekühlte Melone (z. B. Galia) | 4 EL Heidelbeeren | Saft von 1/2 Limette | 300 g Molke | 1 Msp. Bourbon-Vanille (Reformhaus) | 1/2 TL Honig

1. Die Melone von der Schale schneiden, die Kerne entfernen und das Fruchtfleisch würfeln. Die Heidelbeeren waschen und mit der Melone im Mixer pürieren.
2. Den Limettensaft und die Molke unter das Fruchtpüree heben.
3. Mit der Bourbon-Vanille und etwas Honig abschmecken.

PRO GLAS CA. 62 KCAL, 1 g EW, 1 g F, 13 g KH
Basenwert: ★★★

INFO: Der ideale Drink nach dem Sport: Molke enthält viele wertvolle Inhaltsstoffe wie Kalzium und Magnesium bei relativ wenig Kalorien.

Mango-Lassi mit Limettensaft

Foto Seite 36 | Für 2 Gläser | ca. 5 Minuten

1 kleine reife Mango | 1 Orange | 100 g Kefir | 50 g Naturjoghurt | 1–2 TL Limettensaft | 100 ml Mineralwasser | 1 TL Kokosraspel

1. Die Mango halbieren und schälen. Den Stein entfernen und das Fruchtfleisch in kleine Stücke schneiden. Die Orange halbieren und den Saft auspressen.
2. Die Mangostücke mit dem Kefir, dem Joghurt, dem Orangen- und Limettensaft in den Mixer geben und pürieren.
3. Das Lassi auf zwei Gläser verteilen und mit gekühltem Mineralwasser auffüllen. Mit den Kokosraspeln verzieren.

PRO GLAS CA. 223 KCAL, 5 g EW, 5 g F, 37 g KH
Basenwert: ★★

INFO: Ihre Heimat hat die Mango in Indien. Von dort stammt auch das erfrischende, basenreiche Rezept mit Joghurt.

Frühstück, Drinks & Snacks

Möhren-Apfel-Saft mit Sellerie

Für 2 Gläser | ca. 10 Minuten

6 junge Möhren | 2 Scheiben Knollensellerie (ca. 200 g) | 1 Apfel | Saft von 1/2 Zitrone | magnesiumreiches Mineralwasser

1. Die Möhren gründlich waschen, putzen und in dünne Scheiben schneiden.
2. Den Knollensellerie schälen und in kleine Stücke schneiden. Den Apfel waschen, nach Belieben schälen, vierteln und vom Kernhaus befreien. Die Apfelviertel in kleinere Stücke schneiden.
3. Möhren, Sellerie und Apfel in den Entsafter geben. Den Saft auf zwei Gläser verteilen und mit frisch gepresstem Zitronensaft und Mineralwasser auffüllen.

**PRO GLAS CA. 108 KCAL,
3 g EW, 1 g F, 21 g KH
Basenwert: ★★★**

TIPP: Wer wenig Zeit hat, nimmt Möhren- und Apfelsaft aus der Flasche. Ideal ist der Drink übrigens auch nach dem Sport, weil er die Basendepots mit wichtigen Mineralien auffüllt. In jedem Fall eine ideale Basenkombination von Obst und Gemüse. Äpfel haben einen hohen Anteil an Kalium und Möhren besitzen von allen Gemüsesorten den höchsten Karotingehalt.

Geschäumte Sojamilch mit Kirschsaft

Für 2 Gläser | ca. 5 Minuten

1 reife Banane | 200 ml Sojamilch | 100 ml Kirschsaft | 1 Prise Bourbon-Vanille (Reformhaus) | einige Eiswürfel (nach Belieben)

1. Die Banane schälen, in Stücke schneiden und in den Mixer geben. Die Sojamilch und den Kirschsaft dazugeben.
2. Die Banane mit der Milch und dem Saft im Mixer vermischen und aufschäumen.
3. Den Drink mit etwas Bourbon-Vanille verfeinern und auf zwei Gläser verteilen. Nach Belieben einige Eiswürfel zerstoßen und in die Drinks geben.

**PRO GLAS CA. 138 KCAL,
8 g EW, 4 g F, 25 g KH
Basenwert: ★★★**

INFO: Achten Sie beim Einkauf darauf, dass die Sojamilch nicht gentechnisch manipuliert worden ist und der Soja möglichst aus biologischem Anbau stammt. Sojamilch ist basisch und enthält reichlich gesundheitsfördernde Isoflavone. Natürlich können Sie Sojamilch auch mit anderen Früchten, beispielsweise Himbeeren, Kirschen, Papaya, Orangen oder Ananas kombinieren. Probieren Sie es aus!

Johannisbeer-Kefir mit Melisse

Für 2 Gläser | ca. 5 Minuten

100 g frische Rote Johannisbeeren (ersatzweise TK-Beeren) | 100 ml Apfelsaft | 1/2 l Kefir | 2 Melissenzweige

1. Die Johannisbeeren verlesen, waschen und abtupfen (TK-Beeren auftauen lassen). Beeren von den Rispen streifen und in den Mixer geben.
2. Den Apfelsaft und den Kefir dazugeben und alles fein pürieren.
3. Die Melissenzweige waschen und trocken schütteln. Den Drink in zwei Gläser füllen, mit je 1 Melissezweig dekorieren und am besten gleich servieren.

**PRO GLAS CA. 198 KCAL,
9 g EW, 9 g F, 18 g KH
Basenwert: ★★★**

INFO: Frischer Kefir ist gut für unsere Basenspeicher. Er enthält weniger Laktose als Milch und hat daher die Einstufung neutral. Außerdem liefert Kefir wichtige Proteine. Johannisbeeren gehören zu den Obstsorten mit hohem Basenanteil. Ganz lecker schmeckt Kefir auch mit frischen oder tiefgekühlten Heidelbeeren.

TIPP: Für diesen Drink brauchen Sie nicht unbedingt einen Mixer. Die weichen Beeren lassen sich auch gut mit dem Pürierstab zerkleinern.

Molke-Basendrink mit leichter Schärfe

Für 4 Gläser | ca. 10 Minuten

6 Eiswürfel | 200 ml Molke | 300 ml Gemüsesaft nach Geschmack | 100 ml Orangensaft | 1 Spritzer Tabasco | Salz | Pfeffer

1. Die Eiswürfel grob zerstoßen. Das geht am besten, indem Sie sie in einen Gefrierbeutel geben und dann mit dem Nudelholz oder einer Flasche zerkleinern.
2. Die Molke mit dem Gemüsesaft und dem Orangensaft im Mixer vermischen oder in eine Schüssel geben und mit dem Schneebesen aufschlagen. Die Mischung mit Tabasco, Salz und 1 Prise Pfeffer abschmecken. Die zerstoßenen Eiswürfel dazugeben.
3. Den Molke-Drink auf vier Gläser verteilen und sofort servieren.

**PRO GLAS CA. 36 KCAL,
1,5 g EW, 0,5 g F, 5 g KH
Basenwert: ★★**

TIPP: Molke mit Obst und Gemüse – so einfach und köstlich ist das Basenglück. Frische Molke ist basenüberschüssig und reich an basischen Mineralstoffen. Gemüse sowieso. Dies ist der perfekte Drink für die Mini-Küche: Auch ohne Mixer und Entsafter lässt er sich ganz einfach zubereiten.

Frühstück, Drinks & Snacks

Erfrischender Roibuschtee mit Johannisbeersaft

Für 4 Gläser | ca. 10 Minuten

2 gestrichene TL Roibuschtee | 300 ml Bio-Johannisbeersaft | Agavendicksaft (Reformhaus) | 4 Eiswürfel

1. Den Roibuschtee mit 400 ml kochendem Wasser übergießen und 3 bis 5 Minuten ziehen lassen. Anschließend abseihen und abkühlen lassen.
2. Den abgekühlten Tee mit dem Johannisbeersaft vermischen und mit ganz wenig Agavendicksaft abschmecken.
3. Je 1 Eiswürfel in jedes Glas geben, den Saft daraufgießen und die Drinks sofort servieren.

**PRO GLAS CA. 61 KCAL,
0,5 g EW, 0 g F, 13 g KH
Basenwert: ★★★**

INFO: Der aus Südafrika stammende Roibuschtee enthält Eisen, Kupfer, Natrium und Kalium und ist frei von Koffein. Besonders hoch ist der Anteil an Eisen, das vom Körper sehr gut verwertet werden kann. Er besitzt eine milde, natürliche Süße und ist auch schon für Kleinkinder geeignet. Er wirkt im Stoffwechsel neutralisierend.

Grüner Tee mit weißem Traubensaft

Für 2 Gläser | ca. 10 Minuten

2 gestrichene TL grüner Tee | 300 ml weißer Traubensaft | 4 Eiswürfel

1. Die grünen Teeblätter mit etwa 80 °C heißem Wasser übergießen und sofort wieder abgießen. Die feuchten Teeblätter mit 200 ml heißem Wasser begießen und 2 bis 3 Minuten ziehen lassen. Nach dieser Zeit abseihen. (Durch diese Zubereitung schmeckt grüner Tee mild und verliert Bitterstoffe.)
2. Den grünen Tee abkühlen lassen und mit dem Traubensaft vermischen.
3. Je 2 Eiswürfel in ein Glas geben und den Drink daraufgießen.

**PRO GLAS CA. 102 KCAL,
0,5 g EW, 0 g F, 25 g KH
Basenwert: ★★★**

INFO: Grüner Tee liegt im basischen Bereich und wirkt einer Übersäuerung entgegen. In China und Japan wird er wegen seiner entgiftenden Wirkung geschätzt. Dort sagt man grünem Tee auch nach, dass er Alterungsprozesse verzögern kann.

SANDDORN-DRINK MIT ECHTER VANILLE

Frühstück, Drinks & Snacks

Aprikosenbuttermilch mit Limettensaft

Für 2 Gläser | ca. 10 Minuten

8 reife Aprikosen | 500 g Buttermilch | 1 TL Limettensaft | 1 EL Agavendicksaft (Reformhaus) | 1 EL Pistazien ohne Schale | 4 Eiswürfel

1. Die Aprikosen waschen, halbieren, entsteinen und in Spalten schneiden. Aprikosenspalten in den Mixer geben.
2. Die Buttermilch, den Limettensaft und den Agavendicksaft dazugeben und alles pürieren. Die Pistazien grob hacken.
3. Die Frucht-Buttermilch in zwei Gläser füllen. Die Eiswürfel zerstoßen und dazugeben. Die Frucht-Buttermilch mit den gehackten Pistazien bestreuen.

PRO GLAS CA. 205 KCAL,
12 g EW, 4 g F, 34 g KH
Basenwert: ★★

INFO: Agavendicksaft ist ein klarer Sirup, der gut mit Obst harmoniert und den Eigengeschmack der Früchte hervorhebt. Sie bekommen ihn im Reformhaus.

TIPP: Auch getrocknete Aprikosen haben ein hohes Basenpotenzial. Achten Sie darauf, dass Sie ungeschwefelte Früchte kaufen. Aprikosen enthalten übrigens auch viel Karotin, eine Vorstufe von Vitamin A.

Sanddorndrink mit echter Vanille

Für 2 Gläser | ca. 5 Minuten

500 g kalte Molke | 2 EL Sanddornsaft (Reformhaus) | 1 Msp. Bourbon-Vanille (Reformhaus) | 1/2 TL Honig

1. Die Molke in eine Schüssel oder ein Litermaß geben. Den Sanddornsaft dazugeben und beides gut verrühren.
2. Den Molkedrink mit Bourbon-Vanille und Honig abschmecken.
3. Den Sanddorndrink auf zwei Gläser verteilen und sofort servieren.

PRO GLAS CA. 72 KCAL,
2 g EW, 0,5 g F, 14 g KH
Basenwert: ★★

INFO: Eine perfekte Kombination: Molke ist eines der wenigen Milchprodukte, die im basischen Bereich liegen. Sie ist außerdem reich an Mineralien und entschlackt den Körper. Sanddornsaft enthält außer Vitamin C noch andere antioxidativ wirkende Vitamine und stärkt damit die Immunabwehr. Ein leichter, gesunder Drink, der auch noch wunderbar schmeckt!

TIPP: Statt dem Sanddornsaft können Sie auch eine Banane verwenden. So wird's gemacht: 1 Banane schälen, klein schneiden und mit der Molke im Mixer pürieren. Mit etwas Vanille und Honig abschmecken.

Ananas-Creamer mit Chili und Banane

Für 2 Gläser | ca. 5 Minuten

1/4 Ananas | 1 Banane | 1 Stückchen getrocknete Chilischote | 1 EL Zitronensaft | 200 ml frische Milch | 4 Eiswürfel

1. Die Ananas schälen, dabei die »Augen« herausschneiden. Den harten Strunk in der Mitte ebenfalls herausschneiden. Die Banane schälen. Beide Früchte grob zerkleinern und in den Mixer geben.
2. Die Chilischote im Mörser ganz fein zerstoßen. Chili, Zitronensaft und Milch in den Mixer zu den Früchten geben.
3. Die Mischung pürieren und in zwei Gläser füllen. In jedes Glas 2 Eiswürfel geben.

PRO GLAS CA. 190 KCAL,
4 g EW, 4 g F, 33 g KH
Basenwert: ★★

VARIANTE: Ananas-Frappé ist eine leckere basische Erfrischung, nicht nur an heißen Sommertagen. Für vier Gläser eine halbe Ananas schälen und in Stücke schneiden. 20 Eiswürfel im Mixer grob zerkleinern. Ananasstücke hinzufügen und alles zu einer glatten Masse rühren. In zwei Gläser füllen und mit einem Ananasblatt garnieren.

PRO GLAS CA. 82 KCAL,
1 g EW, 0,5 g F, 19 g KH
Basenwert: ★★★

Gemüse-Shake mit Paprikaschote

Für 4 Gläser | ca. 5 Minuten

2 rote Paprikaschoten | 1/2 Salatgurke | 500 g Molke | Salz | Pfeffer | Paprikapulver

1. Die Paprikaschoten waschen, putzen und in grobe Stücke schneiden. Die Gurke waschen, nach Belieben schälen, längs halbieren und ebenfalls in grobe Stücke schneiden.
2. Die Gemüsestücke in den Mixer geben. Die Molke dazugeben und alles pürieren. Die Mischung mit Salz, Pfeffer und etwas Paprikapulver abschmecken.
3. Das Shake auf vier Gläser verteilen und sofort servieren.

PRO GLAS CA. 50 KCAL,
2 g EW, 0,5 g F, 9 g KH
Basenwert: ★★★

TIPP: Gemüse und Molke sorgen in diesem Getränk für eine positive Basenbilanz. Ideal als kleine Mahlzeit zwischendurch oder vor einer Brotzeit. Frische Getränke mit Molke sind auch nach dem Sport ideal: Molke enthält wertvolle Inhaltsstoffe wie Kalzium und Magnesium bei relativ wenig Kalorien. Sie können die Molke für ein süßes Shake auch mit einer reifen Mango oder mit Himbeeren mixen.

Frühstück, Drinks & Snacks

Amarant-Müsli mit Sultaninen und Kokos

Für 2 Personen | ca. 10 Minuten

6 EL gepuffter Amarant (Bioladen) | 4 EL Sultaninen | 2 EL Kokosflocken | 2 Äpfel (oder anderes Obst nach Geschmack) | 1 TL Apfeldicksaft (aus dem Bioladen) | 1 Msp Muskatblüte | 200 g frischer Naturjoghurt oder 200 ml Sojamilch | 2 EL Hirseflocken

1. Den Amarant mit den Sultaninen und den Kokosflocken in eine Schüssel geben.
2. Die Äpfel waschen, nach Belieben schälen, vierteln, vom Kernhaus befreien und die Viertel in kleine Stückchen schneiden. Apfelstücke in zwei Schüsseln geben und mit den anderen Zutaten vermischen. Diese Mischung mit etwas Apfeldicksaft und Muskatblüte abschmecken.
3. Das Müsli nach Geschmack mit Joghurt oder Sojamilch anrichten. Die Hirseflocken darüberstreuen.

**PRO PERSON CA. 353 KCAL,
10 g EW, 7 g F, 63 g KH
Basenwert: ★**

INFO: In Südamerika war Amarant in früheren Zeiten das Korn der Inkas. Es enthält biologisch hochwertiges Eiweiß und ist glutenfrei.

Frischer Apfel-Bananen-Aufstrich mit Mandeln

Für 2 Personen | ca. 10 Minuten

1 reife Banane | 1 Spritzer Zitronensaft | 2 kleine Äpfel | 2–3 EL Mandeln (ersatzweise gemahlene Mandeln) | 1/2 TL Honig

1. Die Banane schälen und mit dem Pürierstab ganz fein pürieren. Mit etwas Zitronensaft beträufeln, damit sie nicht braun wird. Die Äpfel waschen, nach Belieben schälen, vierteln und vom Kernhaus befreien. Die Apfelviertel auf der Gemüsereibe sehr fein reiben und mit dem Bananenpüree vermischen.
2. Die Mandeln in der Gewürzmühle sehr fein mahlen und anschließend mit dem Obst gründlich vermischen.
3. Den Aufstrich mit etwas Honig abschmecken und am besten gleich genießen.

**PRO PERSON CA. 205 KCAL,
4 g EW, 9 g F, 27 g KH
Basenwert: ★★★**

TIPP: Auch in Zukunft kann uns keiner die leckere Erdbeermarmelade verbieten! Weil sie aber viel Zucker (wirkt säuernd) enthält, ist ein süßer basischer Brotaufstrich wie dieser zwischendurch nicht schlecht. Denn Obst, die Mandeln und sogar der Honig liegen im Basenbereich. Das essen auch Kinder gern.

Feigenbutter auf französische Art

Für 6 Personen | ca. 10 Minuten + Einweichzeit

100 g getrocknete Feigen | 100 g Rote Johannisbeeren | 75 g weiche Butter | 1 haselnussgroßes Stück Ingwer | 1 TL Honig | Zimtpulver | 1/2 TL abgeriebene Schale einer unbehandelten Zitrone

1. Die getrockneten Feigen mehrere Stunden oder über Nacht in etwas Wasser einweichen. Das Einweichwasser abgießen, die Feigen trocknen und in kleine Stücke schneiden. Die Johannisbeeren verlesen, waschen und von den Rispen streifen.
2. Die Butter mit dem Schneebesen schaumig rühren. Die Feigen, die Butter und die Beeren in eine Schüssel geben und mit dem Pürierstab zu einer glatten Creme mixen.
3. Den Ingwer schälen, sehr fein hacken und unter die Creme heben.
4. Die Creme mit Honig, 1 Prise Zimt und der Zitronenschale abschmecken.

PRO PERSON CA. 100 KCAL,
1 g EW, 11 g F, 11 g KH
Basenwert: ★★

INFO: Trockenfrüchte haben enormes Basenpotenzial, sie dürfen allerdings nicht geschwefelt sein. Die Feigenbutter ersetzt die Marmelade auf einem herrlich frischen Stück Brot.

Buchweizenfrühstück mit frischen Früchten

Für 2 Personen | ca. 10 Minuten + Einweichzeit

6 EL Buchweizen | 1 Birne | 1 Granatapfel | 1 Banane (oder andere Früchte der Saison) | 6 EL Dickmilch | Zimtpulver | 1 Msp Kardamompulver | 1 TL abgeriebene Schale von einer unbehandelten Orange | 2 EL gehackte Mandeln

1. Den Buchweizen am Vorabend in etwas Wasser einweichen.
2. Den Buchweizen am nächsten Tag mit dem Einweichwasser kurz aufkochen. Etwas abkühlen lassen.
3. Die Birne waschen, nach Belieben schälen, vierteln und vom Kernhaus befreien. Birnenviertel klein schneiden. Den Granatapfel halbieren und das Fruchtfleisch und die Kerne mit einem Löffel herausholen. Die Banane schälen und klein schneiden.
4. Alle Früchte in einer Schüssel vermischen. Die Dickmilch und den Buchweizen zugeben und untermischen. Mit 1 Prise Zimt, Kardamom und der Orangenschale abschmecken.
5. Die gehackten Mandeln darüberstreuen.

PRO PERSON CA. 344 KCAL,
8 g EW, 9 g F, 58 g KH
Basenwert: ★

Frühstück, Drinks & Snacks

Mango-Kiwi-Aufstrich mit Vanille

Für 4 Personen | ca. 15 Minuten

1 kleine Mango | 2 Kiwis | 1/2 TL Agavendicksaft | 1 Prise gemahlener Ingwer | 1/2 TL Bourbon-Vanille (Reformhaus) | 1 gestrichener TL Agar-Agar (Reformhaus)

1. Die Mango schälen, halbieren und das Fruchtfleisch vom Stein schneiden. Fruchtfleisch in kleine Stücke schneiden. Die Kiwis schälen und klein schneiden.
2. Die Früchte mit dem Agavendicksaft in einen Topf geben und mit dem Pürierstab glatt pürieren.
3. Den gemahlenen Ingwer, die Vanille und das Agar-Agar in den Topf geben und unterrühren. Die Mischung unter gelegentlichem Rühren zum Kochen bringen und 2 Minuten bei mittlerer Hitze kochen lassen. Den fertigen Aufstrich in ein heiß ausgespültes Glas füllen und abkühlen lassen.

PRO PERSON CA. 65 KCAL, 0,5 g EW, 0,3 g F, 14 g KH
Basenwert: ★★★

INFO: Dieser Fruchtaufstrich kommt ohne Gelierzucker und tierische Gelatine aus. Ein Hauch Ingwer rundet das Rezept perfekt ab. Agar-Agar ist die pflanzliche Alternative zur Gelatine (tierisches Eiweiß). Das natürliche Geliermittel wird aus mineralstoffreichen Meeresalgen gewonnen.

Wärmendes Dinkel-Porridge mit Kokos

Für 2 Personen | ca. 20 Minuten

2 EL Butter | 4 EL Dinkelflocken | 125 g Sahne | Salz | 1 gestrichener TL Kardamompulver | 2 EL Kokosflocken | 1 EL Imkerhonig

1. In einem kleinen Topf 1 EL Butter bei schwacher Hitze zerlassen und die Dinkelflocken hineingeben. Dinkelflocken einige Minuten unter Rühren leicht anrösten.
2. 125 ml Wasser mit der Sahne vermischen und nach und nach dazugießen.
3. 1 Prise Salz, das Kardamompulver und die Kokosflocken hinzufügen.
4. So lange rühren, bis sich die Zutaten verbunden haben. Porridge bei ganz schwacher Hitze in 10 bis 15 Minuten weich köcheln.
5. Mit Honig abschmecken und die restliche Butter unterrühren. Porridge sofort servieren.

PRO PERSON CA. 462 KCAL, 6 g EW, 35 g F, 30 g KH
Basenwert: ★

INFO: Das Dinkel-Porridge ist ein ayurvedisches Rezept. Der aus Indien stammende Kardamom wirkt wärmend und fördert die Verdauung.

TIPP: Dazu schmeckt die Dattelcreme von Seite 49 oder frisches, klein geschnittenes Obst.

TOFU-AUFSTRICH MIT SESAMSAMEN

Frühstück, Drinks & Snacks

Orientalische Dattelcreme

Für 4 Personen | ca. 10 Minuten

100 g weiche Butter | 10 getrocknete Datteln | 1/2 Banane | 1 TL Zitronensaft | 2 EL gemahlene Mandeln

1. Die Butter mit dem Handrührgerät schaumig rühren. Die Datteln waschen, trocknen und mit einem spitzen Messer entsteinen.
2. Die Banane schälen und in grobe Stücke schneiden. Die Datteln und die Bananenstücke mit dem Zitronensaft pürieren.
3. Die gemahlenen Mandeln unterrühren. Die Mischung mit der schaumigen Butter verrühren. Nach Belieben mit etwas Zitronensaft abschmecken.

PRO PERSON CA. 266 KCAL, 1,5 g EW, 24 g F, 12 g KH Basenwert: ★★

INFO: Datteln werden meistens getrocknet angeboten, da sie so sehr lange haltbar sind. Zunehmend sieht man auch bei uns frische Datteln, die weniger süß sind als die getrockneten und innerhalb weniger Tage verbraucht werden müssen.

Tofu-Aufstrich mit Sesamsamen

Für 2 Personen | ca. 15 Minuten

100 g Bio-Tofu | 2 EL Joghurt | 1 EL Essig | Meersalz | Pfeffer | Paprikapulver | 1 EL Sojasauce | 2 EL Sesamsamen | 1 kleine Zwiebel | 1/2 rote Paprikaschote | 2 kleine Gewürzgurken | 2 Stängel Petersilie

1. Den Tofu in einen tiefen Teller geben und mit einer Gabel zerdrücken. Mit Joghurt und Essig verrühren, mit Salz, Pfeffer, Paprikapulver und Sojasauce abschmecken.
2. Die Sesamsamen ohne Fett in einer Pfanne goldbraun rösten. 1 TL für die Deko beiseitestellen, die restlichen Sesamsamen unter den Tofu rühren.
3. Die Zwiebel abziehen und klein schneiden. Die Paprikaschote waschen, putzen und ebenfalls klein schneiden. Die Gewürzgurken abtropfen lassen und in kleine Würfel schneiden. Zwiebel, Paprikaschote und Gewürzgurken unter den Tofu heben.
4. Die Petersilie waschen, trocken schütteln und fein hacken. Den Tofu-Aufstrich mit der Petersilie und den restlichen Sesamsamen bestreuen.

PRO PERSON CA. 85 KCAL, 8 g EW, 4 g F, 4 g KH Basenwert: ★★★

INFO: Dieser Brotaufstrich ist ideal, weil er außer Tofu frisches basisches Gemüse und kalziumreichen Sesamsamen enthält. Beides wird dick auf dem Basenkonto gutgeschrieben. Darum können Sie den Aufstrich ruhig mit frischem Brot Ihrer Wahl essen.

Rezepte

Crostini mit frischen Kräutertomaten

Für 2 Personen | ca. 15 Minuten

4 kleine reife Tomaten | 1 Handvoll frische Kräuter (Basilikum, Schnittlauch, Petersilie) | 1 Knoblauchzehe | 1 rote Peperoni | Meersalz | Pfeffer | 1 EL Aceto balsamico | 1 EL Olivenöl | 4 Scheiben italienisches Weißbrot (à ca. 20 g)

1. Die Tomaten in heißes Wasser tauchen, kalt abschrecken und die Haut abziehen. Das Fruchtfleisch klein schneiden und in eine Schüssel geben, die Kerne entfernen.
2. Die Kräuter waschen, trocknen und fein hacken. Den Knoblauch abziehen und ebenfalls fein hacken. Kräuter und Knoblauch unter die Tomaten mischen.
3. Die Peperoni waschen, putzen, längs halbieren und die Samen und Trennwände entfernen. Peperoni sehr klein schneiden und unter die Tomatenmischung rühren.
4. Mit Salz, Pfeffer, Essig und Öl abschmecken.
5. Das Brot im Ofen kurz rösten oder im Toaster toasten. Die Tomatenmischung auf den Brotscheiben verteilen und die Crostini sofort servieren.

PRO PERSON CA. 184 KCAL,
54 g EW, 6 g F, 28 g KH
Basenwert: ★

TIPP: Zu getoastetem Toskana-Brot schmeckt auch prima die Möhrencreme (Seite 51) oder die Avocado-Salsa (Seite 53).

Schafkäsecreme mit getrockneten Tomaten

Für 2 Personen | ca. 10 Minuten

200 g Schafkäse | 2 EL Sahne (oder Olivenöl) | 1/2 rote Zwiebel | 1–2 Knoblauchzehen | 3 EL getrocknete, in Öl eingelegte Tomaten | 3 EL grüne Oliven (ohne Stein) | 1 Stängel Oregano (oder Thymian) | Meersalz | Pfeffer | 1 Stängel frische Minze

1. Schafkäse in einen tiefen Teller geben und mit einer Gabel zerdrücken. Mit der Sahne zu einer glatten Paste verrühren.
2. Die Zwiebel abziehen und fein hacken. Die Knoblauchzehen ebenfalls abziehen und sehr fein hacken. Tomaten und Oliven kurz abtropfen lassen und in kleine Würfel schneiden. Zwiebel, Knoblauch, Tomaten und Oliven unter die Schafkäsecreme rühren.
3. Den Oregano waschen, trocknen und sehr fein hacken. Unter die Creme rühren.
4. Die Schafkäsecreme mit wenig Salz und frisch gemahlenem Pfeffer abschmecken. Die Minze waschen, trocknen und die Blättchen über die Creme streuen.

PRO PERSON CA. 360 KCAL,
22 g EW, 29 g F, 2 g KH
Basenwert: ★ (mit Pellkartoffeln)

TIPP: Schmeckt lecker auf frisch geröstetem Sauerteigbrot und zu Pellkartoffeln.

Frühstück, Drinks & Snacks

Basische Möhrencreme mit Petersilie und Chili

Für 2 Personen | ca. 15 Minuten

2 Schalotten | 1 Knoblauchzehe | 1 EL Olivenöl | 300 g Möhren | 1 TL gemahlener Kreuzkümmel | 1/2 TL Honig | 100 ml Gemüsebrühe | 1–2 TL Zitronensaft | 3 EL Joghurt | 5 Zweige glatte Petersilie | Kräutersalz | Chilipaste (aus dem Glas)

1. Die Schalotten und den Knoblauch abziehen und sehr fein hacken. Das Olivenöl in einer Pfanne erhitzen, Schalotten und Knoblauch hineingeben und bei mittlerer Hitze glasig dünsten.
2. Die Möhren waschen, putzen, nach Belieben schälen. Möhren raspeln oder in ganz dünne Scheiben hobeln. Möhren und Kreuzkümmel in die Pfanne geben und kurz anbraten. Den Honig dazugeben.
3. Die Brühe und den Zitronensaft dazugeben. Das Gemüse bei schwacher Hitze weich dünsten, pürieren und abkühlen lassen.
4. Den Joghurt unter die abgekühlte Gemüsecreme geben. Die Petersilie waschen, trocknen und klein schneiden. Die Creme mit Kräutersalz und Chilipaste würzig abschmecken. Die Petersilie unter die Creme heben.

**PRO PERSON CA. 120 KCAL,
3 g EW, 6 g F, 14 g KH
Basenwert: ★★★**

TIPP: Diese Creme ist wirklich Basen pur. Wer jetzt basenmäßig noch eins draufsetzen möchte, isst die Creme zu jungen Bio-Pellkartoffeln.

Geröstete Sonnenblumencreme mit Meerrettich

Für 2 Personen | ca. 15 Minuten

100 g Sonnenblumenkerne | 2 EL Sonnenblumenöl | 1 TL Zitronensaft | Meersalz | Pfeffer | Paprikapulver | 1 TL frisch geriebener Meerrettich (ersatzweise Meerrettich aus dem Glas) | 1–2 Stängel Petersilie

1. Die Sonnenblumenkerne in einer Pfanne ohne Fett leicht anrösten, bis sie duften. Kurz abkühlen lassen und in den Mixer geben.
2. Geröstete Kerne mit dem Sonnenblumenöl vermischen und mit Zitronensaft, Salz, Pfeffer und Paprikapulver kräftig würzen. Den Meerrettich untermischen.
3. Alle Zutaten im Mixer zu einer glatten Creme pürieren und nochmals abschmecken.
4. Die Petersilie waschen, trocknen, grob hacken und auf die Creme streuen.

**PRO PERSON CA. 390 KCAL,
13 g EW, 35 g F, 7 g KH
Basenwert: ★**

INFO: Ein leckerer Brotaufstrich ganz ohne säurelastiges tierisches Eiweiß.

Kartoffelmus mit Gemüsewürfeln

Für 2 Personen | ca. 30 Minuten

3 mittelgroße junge Kartoffeln | 3 EL Olivenöl | 1/2 grüne Paprikaschote | 1 kleine Tomate | 1 Schalotte | 1 Knoblauchzehe | 1 Bund Schnittlauch | 1 Spritzer Zitronensaft | Meersalz | Pfeffer | Muskatnuss

1. Die Kartoffeln in Salzwasser in etwa 15 Minuten weich kochen, pellen und durch die Presse drücken. Die noch warmen Kartoffeln mit dem Öl cremig rühren.
2. Die Paprikaschote waschen, putzen, vierteln, von Kernen und Trennwänden befreien und klein schneiden. Die Tomate waschen, vom Stielansatz befreien und das Fruchtfleisch sehr fein würfeln. Paprika- und Tomatenwürfel zu den Kartoffeln geben und unterrühren.
3. Die Schalotte und den Knoblauch abziehen, beides ebenfalls sehr fein hacken und unter das Kartoffelmus rühren.
4. Alle Zutaten nochmals gut vermischen. Den Schnittlauch waschen, trocknen und mit der Küchenschere in kleine Röllchen schneiden. Die Creme mit Zitronensaft, Salz, Pfeffer und Muskatnuss kräftig abschmecken. Mit dem Schnittlauch bestreuen und zu knusprigem Sauerteigbrot servieren.

PRO PORTION ETWA: 269 KCAL, 5 g EW, 15 g F, 27 g KH
Basenwert: ★★★

TIPP: Dazu schmeckt der Grüne Salat mit Orangensauce von Seite 75.

Feine Gurkenmousse mit frischer Minze

Für 2 Personen | ca. 20 Minuten

1/3 Salatgurke | Meersalz | 200 g Frischkäse | 1 EL Sahne | 1 Bund Dill | 3 Stängel frische Minze | 1 TL Zitronensaft | Pfeffer

1. Die Gurke schälen und in feine Scheiben hobeln. In eine Schüssel geben und mit 1 TL Meersalz mischen. 10 Minuten stehen lassen. Gurkenscheiben zum Abtropfen in ein Sieb geben und zusätzlich kräftig ausdrücken.
2. Gurkenscheiben in den Mixer geben. Den Frischkäse und die Sahne dazugeben und alles zu einer feinen Mousse pürieren.
3. Dill und Minze waschen, trocknen, hacken und unter die Mousse heben.
4. Die Mousse mit Zitronensaft, Pfeffer und wenig Meersalz abschmecken.

PRO PERSON CA. 363 KCAL, 12 g EW, 33 g F, 4 g KH
Basenwert: ★★

TIPP: Gurken sind basisch und harnsäurelösend. Zur Gurkenmousse passen Brot oder Pellkartoffeln oder die Gemüsesticks von Seite 75. Wenn Sie Gurken aus biologischem Anbau verwenden, brauchen Sie sie nicht zu schälen. Direkt unter der Schale befinden sich nämlich wichtige Mineralien und Vitamine.

Frühstück, Drinks & Snacks

Tomatenketchup wunderbar würzig

Für 1 Flasche | ca. 25 Minuten

2 Möhren | 500 g vollreife Tomaten | 1 Gemüsezwiebel | 1 kleiner säuerlicher Apfel | 1 EL Olivenöl | 1 TL Zitronensaft | 1 Tube Tomatenmark | Salz | Pfeffer | Paprikapulver | Currypulver | 1 TL Honig

1. Die Möhren putzen, schälen und auf der Gemüsereibe fein raspeln. Die Tomaten waschen und vierteln, dabei den Stielansatz herausschneiden. Die Zwiebel abziehen und fein hacken.
2. Den Apfel schälen, vierteln, vom Kernhaus befreien und in kleine Stücke schneiden.
3. Öl erhitzen und die Zwiebel darin bei mittlerer Hitze andünsten. Tomaten, Zitronensaft und Möhrenraspel dazugeben. Die Apfelstücke und das Tomatenmark dazugeben und alles etwa 15 Minuten bei schwacher Hitze köcheln lassen.
4. Die Sauce mit Salz, Pfeffer, Paprika- und Currypulver würzen. Den Honig unterrühren, abschmecken und nach Belieben noch etwas Zitronensaft dazugeben.
5. Die Sauce in den Mixer geben und zu einem glatten Ketchup verarbeiten. In Gläser oder eine Flasche füllen.

PRO FLASCHE CA. 358 KCAL,
10 g EW, 13 g F, 48 g KH
Basenwert: ★★★

TIPP: Gekühlt ist dieses basische Ketchup mindestens 2 Wochen haltbar.

Avocado-Salsa mit Chili und Koriander

Für 2 Personen | ca. 10 Minuten

2 reife Avocados | 1 TL Zitronensaft | 1 Zwiebel | 1 Knoblauchzehe | 1/2 grüne Chilischote | 1 Tomate | Salz | Pfeffer | 2 Stängel frischer Koriander (ersatzweise Schnittlauch)

1. Die Avocados jeweils in der Mitte durchschneiden und die Hälften gegeneinander drehen, bis sie sich voneinander lösen. Das Fruchtfleisch mit dem Löffel herausheben und sofort mit etwas Zitronensaft beträufeln. In einem tiefen Teller mit einer Gabel zerdrücken.
2. Die Zwiebel und die Knoblauchzehe abziehen. Die Zwiebel ganz fein schneiden, den Knoblauch durchpressen. Die Chilischote waschen, putzen und ganz fein schneiden. Die Tomate fein würfeln. Den Koriander waschen, trocknen, die Blättchen abzupfen und klein schneiden.
3. Zwiebel, Knoblauch, den restlichen Zitronensaft, Chili, Salz und Pfeffer zum Avocadomus geben und alle Zutaten gut vermischen. Den Koriander und die Tomatenwürfel ganz zum Schluss unterheben.

PRO PERSON CA. 359 KCAL,
4 g EW, 36 g F, 13 g KH
Basenwert: ★★★

INFO: Avocados enthalten wertvolle pflanzliche Fettsäuren, die wohltuend für die Haut sind. Die grüne Frucht ist außerdem reich an Kalium, Kalzium und Eisen. Aminosäuren wie Leucin und Isoleucin unterstützen die Produktion von Serotonin.

KÜRBISSUPPE MIT INGWER UND SAHNE

Suppen –
von schaumig-leicht bis samtig-fein

Basensuppe mit Kartoffeln und Blumenkohl

Für 2 Personen | ca. 20 Minuten

3 mittelgroße Kartoffeln | 1/2 kleiner Blumenkohl | 500 ml Gemüsebrühe | 1 EL saure Sahne | Meersalz | frisch geriebene Muskatnuss | 1 Spritzer Zitronensaft | frische Kräuter, z. B. Thymian, Kerbel

1. Die Kartoffeln schälen und in Würfel schneiden. Den Blumenkohl in Röschen zerteilen und waschen. Kartoffelwürfel und Blumenkohlröschen in einen Topf geben, mit der Gemüsebrühe auffüllen und in etwa 20 Minuten weich kochen.
2. Den Topf von der Herdplatte ziehen und das Gemüse mit dem Pürierstab pürieren.
3. Die saure Sahne unterziehen und die Suppe mit Salz, Muskatnuss und Zitronensaft abschmecken. Kräuter waschen, trocknen, klein schneiden und darüber streuen.

PRO PERSON CA: 154 KCAL,
7 g EW, 2 g F, 28 g KH
Basenwert: ★★★

Kürbissuppe mit Ingwer und Sahne

Für 4 Personen | ca. 25 Minuten

1 Zwiebel | 1 haselnussgroßes Stück Ingwer | je 1 EL Butter und Sonnenblumenöl | 1 Lorbeerblatt | 500 g Kürbisfleisch | Salz | Pfeffer | 1–2 EL Weißwein | etwa 500 ml heiße Gemüsebrühe | 2 EL Sahne | 1 Prise Zucker | 1 Spritzer Zitronensaft | 4 EL Kürbiskerne

1. Zwiebel und Ingwer abziehen und hacken. Butter und Öl in einem Topf erhitzen. Zwiebel, Ingwer und das Lorbeerblatt andünsten.
2. Das Kürbisfleisch würfeln und dazugeben. Salzen, pfeffern und mit Weißwein ablöschen. Die Gemüsebrühe angießen.
3. Das Gemüse bei schwacher Hitze in ca. 15 Minuten garen. Mit dem Pürierstab pürieren. Die Sahne dazugeben und mit Salz, Pfeffer, Zucker und Zitronensaft abschmecken.
4. Die Kürbiskerne ohne Fett anrösten.

PRO PERSON CA. 178 KCAL,
5 g EW, 11 g F, 15 g KH
Basenwert: ★★★

Rezepte

Gemüsebouillon basisch nach F.X. Mayr

Für 4 Personen | ca. 40 Minuten

500 g Knollen- und Wurzelgemüse der Saison (z. B. Kartoffeln, Möhren, Petersilienwurzel, Knollensellerie und Kohlrabi) | 1 Stange Lauch | frische Kräuter nach Belieben (z. B. Thymian, Oregano) | 1 Lorbeerblatt | frisch geriebene Muskatnuss | Olivenöl zum Verfeinern

1. Das Gemüse mit einer Bürste unter fließendem Wasser gründlich säubern, (Kartoffeln, Sellerie und Kohlrabi schälen), putzen und in Stücke schneiden. Den Lauch längs aufschneiden, gründlich waschen und in Ringe schneiden.
2. Das Gemüse in einen Topf geben und 2 Liter Wasser angießen. Die Kräuter waschen und dazugeben. Das Wasser einmal aufkochen lassen und die Brühe 30 Minuten bei schwacher Hitze mehr ziehen als kochen lassen.
3. Die Brühe durch ein Sieb abgießen, mit Muskatnuss würzen und mit einigen Tropfen Öl verfeinern.

PRO PERSON CA. 40 KCAL,
2 g EW, 1 g F, 7 g KH
Basenwert: ★★★

TIPP: Es geht nichts über selbst gemachte Gemüsebrühe – als Basis für andere Gerichte oder als Basendrink für zwischendurch. Wenn etwas übrig bleibt, die Brühe im Kühlschrank für den nächsten Tag aufbewahren oder portionsweise einfrieren. So haben Sie zum Kochen immer eine hochwertige Basenbrühe zur Hand.

Maronensuppe mit Pilzen

Für 2 Personen | ca. 30 Minuten

1 kleine Zwiebel | 1 Handvoll Champignons | 1 EL Butter | 2 Handvoll Spinat | Salz | Pfeffer | 250 g Maronen (vakuumverpackt) | 1 Knoblauchzehe | 500 ml Gemüsebrühe | 2 EL saure Sahne

1. Die Zwiebel abziehen und fein hacken. Die Champignons abreiben, putzen und in Scheiben schneiden. Die Butter in einem Topf erhitzen, Zwiebel und Pilze darin glasig dünsten.
2. Den Spinat waschen, putzen und klein schneiden. In den Topf geben und unter Rühren dünsten, bis er zusammenfällt. Mit Salz und Pfeffer würzen und aus dem Topf nehmen.
3. Maronen in den Topf geben und im Sud einige Minuten dünsten. Den Knoblauch abziehen, auspressen und dazugeben. Die Gemüsebrühe angießen, aufkochen und die Maronen bei schwacher Hitze ca. 10 Minuten garen. Die Suppe pürieren.
4. Den Spinat wieder in die Suppe geben, bei schwacher Hitze einige Minuten köcheln. Die Suppe mit der sauren Sahne verfeinern.

PRO PERSON CA. 339 KCAL,
6 g EW, 9 g F, 57 g KH
Basenwert: ★★

INFO: Maronen (Esskastanien) sind sehr kaliumreich und wirken äußerst positiv auf den Säure-Basen-Haushalt. Weiteres Plus: Mit nur 2 Gramm Fett (je 100 g) sind sie sehr kalorienarm. Sie passen auch ideal zu Wintergemüse wie beispielsweise Rotkraut (siehe Rezept Seite 76).

Kartoffelsuppe schnell und sahnig

Für 2 Personen | ca. 20 Minuten

4 mittelgroße Kartoffeln | 1 Handvoll frisches Suppengemüse (ersatzweise TK-Gemüse) | 400 ml Gemüsebrühe | 1 Lorbeerblatt | 2 EL Sahne | Meersalz | Pfeffer | 2 Stängel Petersilie nach Geschmack

1. Die Kartoffeln schälen und klein schneiden. Das Suppengemüse waschen und ebenfalls klein schneiden.
2. Die Gemüsebrühe mit den Kartoffeln, dem Suppengemüse und dem Lorbeerblatt in einen Topf geben und bei schwacher Hitze etwa 15 Minuten köcheln lassen.
3. Das Lorbeerblatt entfernen, die Suppe mit dem Pürierstab pürieren und die Sahne unterrühren.
4. Die Suppe mit Salz und Pfeffer abschmecken. Petersilie waschen, trocknen und die Blätter klein hacken. Die Suppe auf zwei Teller verteilen und mit der Petersilie bestreuen.

PRO PERSON CA. 191 KCAL, 5 g EW, 4 g F, 33 g KH
Basenwert: ★★★

Champignonsuppe mit Sonnenblumenkernen

Für 2 Personen | ca. 10 Minuten

2 Schalotten | 250 g braune Champignons | 1 EL Butter | 1 EL Weißwein | 100 g Crème légère | 500 ml Gemüsebrühe | Meersalz | Pfeffer | 2 EL Sonnenblumenkerne | 1/2 Bund Schnittlauch

1. Die Schalotten abziehen und fein würfeln. Die Pilze abreiben, putzen und in feine Scheibchen schneiden.
2. Die Butter in einem Topf erhitzen und die Schalotten darin andünsten. Die Champignons dazugeben und anschwitzen. Mit Weißwein ablöschen und kurz einkochen lassen.
3. Die Crème légère dazugeben, unterrühren und kurz einkochen lassen. Die Gemüsebrühe angießen, aufkochen lassen und mit Salz und Pfeffer würzen.
4. Die Sonnenblumenkerne ohne Fett kurz anrösten, bis sie duften. Den Schnittlauch waschen, trocknen und mit der Schere in Röllchen schneiden. Die Suppe auf zwei Teller verteilen und mit den Sonnenblumenkernen und den Schnittlauchröllchen bestreuen.

PRO PERSON CA. 243 KCAL, 10 g EW, 18 g F, 9 g KH
Basenwert: ★★

Rezepte

Leichtes Kräuterschaumsüppchen

Für 2 Personen | ca. 25 Minuten

2 mittelgroße Kartoffeln | 1 Zwiebel | 1 kleine Stange Lauch | 1 EL Sonnenblumenöl | 750 ml Gemüsebrühe | 1 Bund Schnittlauch | 1 Bund glatte Petersilie | 1 Kästchen Kresse (oder 1/2 Bund Dill) | 100 g Sahne | Meersalz | Pfeffer

1. Die Kartoffeln schälen und in Würfel schneiden. Die Zwiebel abziehen und klein schneiden. Den Lauch putzen, gründlich waschen und in Ringe schneiden.
2. Das Öl in einem Topf erhitzen und Kartoffeln, Zwiebel und Lauch darin kurz andünsten. Die Gemüsebrühe dazugießen und bei schwacher Hitze 15 Minuten leise kochen lassen.
3. Inzwischen die Kräuter waschen und trocknen. Schnittlauch und Petersilie grob hacken. Die Kresse bzw. den Dill ebenfalls grob hacken und 2 EL für die Deko beiseitelegen. Die Kräuter in die Gemüsebrühe geben und kurz ziehen lassen. Die Suppe mit dem Pürierstab pürieren.
4. Die Sahne halbsteif schlagen, unter die Suppe heben und einmal kurz aufkochen lassen. Die Suppe mit Salz und frisch gemahlenem Pfeffer abschmecken. Auf zwei Teller verteilen und mit Kresse bestreuen.

PRO PERSON CA. 306 KCAL,
5 g EW, 25 g F, 8 g KH
Basenwert: ★★★

Erbsensamtsuppe mit Estragon und Schnittlauch

Für 2 Personen | ca. 20 Minuten

1 kleine Stange Lauch | 1 kleine Zwiebel | 1 Salatherz | 1 EL Butter | 200 g frische Erbsen (ersatzweise TK-Erbsen) | 1 TL Estragon | 300 ml Gemüsebrühe | 2 EL Sahne | Salz | weißer Pfeffer | Zucker | 2 TL Zitronensaft | 1/2 Bund Schnittlauch

1. Den Lauch putzen, längs aufschneiden, gründlich waschen und in dünne Scheiben schneiden. Die Zwiebel abziehen und klein würfeln. Das Salatherz waschen und in Streifen schneiden. Die Butter in einem Topf erhitzen. Lauch, Zwiebel und Salat in der Butter bei schwacher Hitze kurz andünsten.
2. Die Erbsen dazugeben und kurz mitdünsten. Den Estragon dazugeben, die Gemüsebrühe dazugießen und etwa 10 Minuten bei mittlerer Hitze kochen.
3. Die Suppe mit dem Pürierstab pürieren und die Sahne unterrühren. Mit Salz, weißem Pfeffer, 1 Prise Zucker und Zitronensaft abschmecken und noch einmal kurz erhitzen. Schnittlauch waschen, trocknen und in feine Röllchen schneiden. Suppe auf zwei Teller verteilen und mit dem Schnittlauch bestreuen.

PRO PERSON CA. 373 KCAL,
26 g EW, 7 g F, 45 g KH
Basenwert: ★★★

Suppen – von schaumig-leicht bis samtig-fein

Fixe Gärtnersuppe nach Münchner Art

Für 4 Personen | ca. 35 Minuten

1/2 kleiner Blumenkohl | 1 Kohlrabi | 1/2 Staudensellerie | 1 Möhre | 1 Stück Wirsing | 1 Zwiebel | 2 Kartoffeln | 2 EL Olivenöl | 1 l Gemüsebrühe | Meersalz | Pfeffer | Paprikapulver | 1 Bund Kräuter (z. B. glatte Petersilie, Schnittlauch)

1. Den Blumenkohl waschen, putzen und in kleine Röschen teilen. Den Kohlrabi so großzügig schälen, dass holzige Stellen ebenfalls abgeschnitten werden. Kohlrabi in mundgerechte Stücke schneiden.
2. Den Staudensellerie putzen, waschen und klein schneiden. Die Möhre waschen, nach Belieben schälen und in mundgerechte Stücke schneiden. Den Wirsing waschen und in Streifen schneiden. Die Zwiebel abziehen und würfeln. Die Kartoffeln schälen und ebenfalls in mundgerechte Stücke schneiden.
3. Das Olivenöl in einem Topf erhitzen, die Zwiebel kurz andünsten, das Gemüse dazugeben und die Gemüsebrühe dazugießen. Alles etwa 25 Minuten bei schwacher Hitze zugedeckt sanft kochen lassen.
4. Mit Salz, frisch gemahlenem Pfeffer und Paprikapulver abschmecken. Die Kräuter waschen, fein hacken und in die Suppe geben.

PRO PERSON CA. 116 KCAL,
7 g EW, 6 g F, 23 g KH
Basenwert: ★★★

TIPP: Die Gärtnersuppe können Sie mit jedem beliebigen Gemüse machen. Nehmen Sie am besten Sorten, die gerade Saison haben.

Leichte Lauchcremesuppe

Für 4 Personen | ca. 30 Minuten

2 Lauchstangen | 3 mittelgroße Kartoffeln | 2 EL Butter | 2–3 Wacholderbeeren | 600 ml Gemüsebrühe | 4 EL Sahne | Salz | Pfeffer | frisch geriebene Muskatnuss

1. Den Lauch putzen, längs aufschneiden, gründlich waschen und in dünne Scheiben schneiden.
2. Die Kartoffeln schälen und in kleine Würfel schneiden. Die Butter in einem Topf zerlassen. Den Lauch und die Kartoffelwürfel darin andünsten. Die Wacholderbeeren mit einer Gabel etwas andrücken und dazugeben.
3. Die Gemüsebrühe dazugießen und die Suppe zudeckt bei schwacher Hitze etwa 20 Minuten leicht kochen lassen. Mit dem Pürierstab pürieren, die Sahne dazugeben und noch einmal kurz aufkochen lassen.
4. Die Suppe mit Salz, Pfeffer und Muskatnuss abschmecken.

PRO PERSON CA. 140 KCAL,
3 g EW, 8 g F, 14 g KH
Basenwert: ★★★

KARTOFFEL-MANGOLD-SUPPE NACH GROSSMUTTERS ART

Kartoffel-Mangold-Suppe nach Großmutters Art

Für 2 Personen | ca. 20 Minuten

1 Zwiebel | 1 Möhre | 1 Stück Knollensellerie (ca. 100 g) | 3 mittelgroße Kartoffeln | 6 kleine Mangoldblätter | 2 TL Sonnenblumenöl | 1 Knoblauchzehe | 400 ml Gemüsebrühe | jodiertes Meersalz | Pfeffer | frisch geriebene Muskatnuss | 1 Prise Majoran | 1 EL saure Sahne

1. Die Zwiebel abziehen und klein schneiden. Die Möhre schälen und ebenfalls klein schneiden. Den Sellerie und die Kartoffeln schälen und würfeln. Den Mangold waschen, putzen und in sehr feine Streifen schneiden.
2. Das Öl in einem Topf erhitzen, die Zwiebel hineingeben, den Knoblauch abziehen und durch die Presse dazudrücken. Beides im Öl andünsten. Möhren, Sellerie und Kartoffeln dazugeben und mitdünsten. Die Gemüsebrühe angießen und das Gemüse bei schwacher Hitze zugedeckt in ca. 15 Minuten gar kochen.
3. Die Suppe mit Salz, Pfeffer, Muskatnuss und Majoran abschmecken, die Mangoldstreifen dazugeben und die Suppe kurz aufkochen lassen. Auf zwei Teller verteilen und mit der sauren Sahne garnieren.

PRO PERSON CA. 141 KCAL,
6 g **EW,** 10 g **F,** 30 g **KH**
Basenwert: ★★★

Brennnesselsuppe mit Sahne

Für 2 Personen | ca. 25 Minuten

1 Kartoffel | 1 kleine Zwiebel | 1 TL Butter | 500 ml Gemüsebrühe | 250 g junge Brennnesselblätter | 1 Spritzer Zitronensaft | Salz | Pfeffer | 4 EL Sahne

1. Kartoffel schälen und fein würfeln. Zwiebel abziehen und ebenfalls fein würfeln. Butter in einem Topf erhitzen und beides darin kurz andünsten.
2. Die Gemüsebrühe dazugießen und alles etwa 15 Minuten bei schwacher Hitze sanft kochen lassen.
3. Brennnesselblätter putzen und waschen, blanchieren und grob hacken. Zur Suppe geben und 3 bis 4 Minuten mitgaren. Die Suppe pürieren, mit Zitronensaft und Gewürzen abschmecken und mit der Sahne verfeinern.

PRO PERSON CA. 190 KCAL,
11 g **EW,** 10 g **F,** 13 g **KH**
Basenwert: ★★★

TIPP: Im Frühjahr können Sie die jungen Brennnesselblätter im Garten oder an Wegrändern abseits der Straßen selbst sammeln. Sie sollten nur die jungen Blätter vor der Blüte (mit Handschuhen) ernten; die älteren schmecken aufgrund ihres hohen Gerbstoffgehaltes bitter. Werden die Blätter gegart oder blanchiert, verlieren sie ihre Brennwirkung. Brennnesseln enthalten übrigens sehr viel Kalium und Eisen und mehr als doppelt so viel Vitamin C wie Zitronen.

Rezepte

Möhrensuppe mit Orangensaft und Ingwer

Für 2 Personen | ca. 20 Minuten

2 Möhren | 1 kleine Zwiebel | 1 haselnussgroßes Stück Ingwer | 1 EL Öl | 2 unbehandelte Orangen | 500 ml Gemüsebrühe | Thymian | Salz | weißer Pfeffer | 1 Handvoll Kresse | 1 TL saure Sahne | frisch geriebene Muskatnuss

1. Die Möhre putzen, schälen und in Scheiben schneiden. Die Zwiebel abziehen und grob schneiden. Den Ingwer schälen und fein hacken. Das Öl in einem Topf erhitzen und Möhrenscheiben, die Zwiebel und den Ingwer darin bei mittlerer Hitze glasig dünsten.
2. Die Orangen heiß waschen, die Schale abreiben und beiseitestellen. Orangen halbieren und den Saft auspressen. Den Saft und die Brühe in den Topf geben und aufkochen lassen. Mit Thymian, Salz und Pfeffer abschmecken und 10 bis 15 Minuten zugedeckt bei schwacher Hitze leise kochen lassen.
3. Die Suppe mit dem Pürierstab oder im Mixer pürieren. Die Kresse waschen und trocknen. Die Suppe auf zwei Teller verteilen und mit saurer Sahne, Muskatnuss und Orangenschale verzieren. Kresse dazu reichen.

PRO PERSON CA. 145 KCAL, 3 g EW, 6 g F, 17 g KH
Basenwert: ★★★

Misosuppe mit Basengemüse

Für 4 Personen | ca. 30 Minuten

1 Stück (ca. 6 g) Wakame (getrocknete Meeresalge; aus dem Asienladen) | 3 kleine Möhren | 1 Stück Knollensellerie (ca. 100 g) | 6 Shiitake-Pilze | Salz | 4 EL helle Misopaste | 2 EL Gemüsebrühe | 100 g Tofu | 2 Frühlingszwiebeln | 1/2 Bund Schnittlauch

1. Wakame abspülen und 10 Minuten in kaltem Wasser einweichen.
2. Möhren und Sellerie putzen, schälen und in feine Stifte schneiden. Pilze putzen und in dünne Scheibchen schneiden. 750 ml leicht gesalzenes Wasser aufkochen, Möhren, Sellerie und Pilze darin kurz kochen.
3. Wakame klein schneiden und mit dem Einweichwasser zur Suppe geben.
4. Die Misopaste mit der Gemüsebrühe glatt rühren und in die Suppe geben. Die Suppe darf jetzt nicht mehr kochen. Den Tofu in kleine Würfel schneiden und 5 Minuten in der Suppe ziehen lassen.
5. Frühlingszwiebeln putzen, waschen und in feine Ringe schneiden. In die Suppe geben. Schnittlauch waschen und in kleine Röllchen schneiden. Über die Suppe streuen.

PRO PERSON CA. 65 KCAL, 6 g EW, 2 g F, 6 g KH
Basenwert: ★★★

INFO: Was in Europa die Gemüsebrühe, ist in Japan die Misopaste (u. a. aus Getreide, Sojabohnen und Meersalz). Durch den besonderen Verarbeitungsprozess erreicht Miso einen hohen basischen Wert.

Radieschensuppe mit Frischkäse und Kresse

Für 2 Personen | ca. 25 Minuten

1 Bund Radieschen mit Blättern | 3 Schalotten | 1 TL Butter | 500 ml Gemüsebrühe | 100 g Frischkäse | 2 EL saure Sahne | Meersalz | Pfeffer | 1/2 Kästchen Kresse

1. Die Radieschen putzen und waschen. Einige schöne Radieschenblätter fein hacken und für die Deko beiseitelegen. Die Radieschen mit dem Grün hacken.
2. Die Schalotten abziehen und fein würfeln. Die Butter in einem Topf erhitzen und etwa drei Viertel der Radieschen und die Schalotten hineingeben und bei schwacher Hitze andünsten.
3. Die Gemüsebrühe dazugeben und knapp 10 Minuten sanft kochen lassen.
4. Die restlichen Radieschen, den Frischkäse und die saure Sahne dazugeben und die Suppe pürieren. Nochmals erhitzen, aber nicht mehr kochen lassen. Suppe abschmecken. Die Kresse abbrausen und trocknen.
5. Die Suppe auf zwei Teller verteilen, mit fein gehackten Radieschenblättern und Kresse bestreuen und sofort servieren.

PRO PERSON CA. 273 KCAL, 11 g EW, 22 g F, 11 g KH
Basenwert: ★★★

TIPP: Die Radieschen müssen ganz frisch sein. Sind die Blätter schon welk, kann man sie für die Suppe nicht mehr verwenden. Verfeinern lässt sich die Suppe noch mit frischen Rettich- oder Radieschensprossen. In diesem Fall die Kresse weglassen.

Feine Kerbelsuppe mit Champignons

Für 2 Personen | ca. 30 Minuten

1 Bund Kerbel | 1 kleine Zwiebel | 6–8 Champignons | 1 EL Butter | 1 EL Weizenvollkornmehl | 600 ml Gemüsebrühe | 2 EL Weißwein | Salz | Pfeffer | 100 g Sahne

1. Den Kerbel verlesen, waschen und fein hacken. Die Zwiebel abziehen und sehr fein würfeln. Die Pilze abreiben, putzen und in Scheiben schneiden.
2. Die Butter in einem Topf erhitzen, Zwiebel und Champignons hineingeben und glasig dünsten. Mit Mehl bestreuen und gut vermischen. Die Brühe dazugießen und die Suppe etwa 5 Minuten bei schwacher Hitze zugedeckt sanft kochen lassen.
3. Den Kerbel dazugeben und unterrühren. Mit Weißwein, Salz und Pfeffer würzen. Bei schwacher Hitze etwa 15 Minuten ziehen lassen und nochmals abschmecken.
4. Die Sahne dazugeben und die Suppe auf zwei Teller verteilen.

PRO PERSON CA. 242 KCAL, 4 g EW, 21 g F, 10 g KH
Basenwert: ★★

Knackig frische Salatvariationen

Rote-Bete-Salat mit Walnüssen

Für 2 Personen | ca. 1 Stunde

4 kleine Rote Beten | Salz | 1 haselnussgroßes Stück Ingwer | 1 kleine Zwiebel | 1 EL Zitronensaft | Paprikapulver | Pfeffer | Zucker | 2 EL Sonnenblumenöl | 4 Stängel Petersilie | 1 Bund Rucola | 1 EL Walnusskerne

1. Rote Beten waschen, Blätter entfernen (Knolle dabei nicht anschneiden), Rote Beten in Salzwasser in ca. 50 Minuten weich kochen. Kalt abschrecken, schälen und würfeln.
2. Ingwer und Zwiebel schälen und fein hacken. Zitronensaft mit Paprika, Pfeffer, 1 Prise Zucker, Ingwer und Salz verrühren, das Öl dazugeben und alles mit dem Schneebesen vermischen.
3. Marinade über die Rote Beten geben. Petersilie waschen, trocknen, hacken und unterheben. Rucola putzen, waschen und auf zwei Teller verteilen. Salat darauf anrichten, Walnusskerne hacken und aufstreuen.

**PRO PERSON CA. 210 KCAL,
4 g EW, 27 g F, 17 g KH
Basenwert: ★★★**

Salatsauce ganz klassisch

Für 4 Personen | ca. 10 Minuten

1 EL Obstessig (oder Zitronensaft) | 1 TL Dijonsenf | 1 TL Sojasauce | Kräutersalz | Pfeffer | 4 EL Olivenöl | 1 Spritzer Apfeldicksaft (aus dem Bioladen)

1. Den Essig mit Senf, Sojasauce, etwas Kräutersalz und Pfeffer verrühren. Das Öl langsam dazugeben und gut untermischen.
2. Ein wenig Apfeldicksaft dazugeben und mit dem Schneebesen kräftig aufschlagen, damit sich alle Zutaten zu einer Sauce verbinden.

**PRO PERSON CA. 96 KCAL,
1 g EW, 10 g F, 0,5 g KH
Basenwert: ★**

TIPPS: Variieren Sie die Sauce mit Kapern, frisch gehackten Kräutern wie Schnittlauch, Petersilie, Kerbel oder Basilikum, fein gewürfelten Schalotten oder Knoblauch, mit Meerrettich oder Ingwer-Essig (1 TL Ingwer fein hacken und mit etwas Weißweinessig aufgießen. Eine Stunde ziehen lassen.)

Knackig frische Salatvariationen

Feldsalat mit Radicchio und Austernpilzen

Für 2 Personen | ca. 15 Minuten

2 Handvoll Feldsalat | 50 g Radicchio |
2 Stängel glatte Petersilie | 1 Schalotte |
1 Knoblauchzehe | 100 g Austernpilze |
4 TL Sonnenblumenöl | Salz | Pfeffer |
1 EL Weißweinessig | Ingwerpulver

1. Den Feldsalat verlesen, gründlich waschen und trocken schleudern. Den Radicchio zerlegen, die Blätter waschen, trocken schleudern und in schmale Streifen schneiden. Die Petersilie waschen, trocknen und fein hacken.
2. Die Schalotte und die Knoblauchzehe abziehen und fein hacken. Die Austernpilze trocken abreiben und putzen.
3. 1 EL Öl in einer Pfanne erhitzen. Zwiebel, Knoblauch und Austernpilze darin kurz anbraten, mit Salz und Pfeffer würzen, die Petersilie dazugeben und die Pilze bei schwacher Hitze ca. 4 Minuten dünsten.
4. Aus Essig, den restlichen 3 EL Öl, 1 Prise Ingwerpulver, Salz und Pfeffer ein Dressing herstellen und vorsichtig unter den Salat ziehen. Salat auf zwei Teller verteilen und die noch warmen Austernpilze daraufgeben.

**PRO PERSON CA. 208 KCAL,
8 g EW, 20 g F, 4 g KH
Basenwert: ★★★**

TIPP: Kleine Scheiben einer Pellkartoffel in den Salat geben – das gibt noch mehr Basenpunkte.

Mediterranes Kräuteröl mit Basenprofil

Für 1 Flasche

1 Flasche kalt gepresstes Olivenöl (0,7 l) |
2 Zweige Rosmarin | 2 Zweige Thymian |
1 TL weiße Pfefferkörner | 1 TL rote Pfefferkörner | 3–4 Wacholderbeeren |
1/2 TL Salz

1. Das Öl in einen Topf geben und nur ganz leicht erwärmen. Rosmarin und Thymian waschen und gut trocknen.
2. Die weißen und roten Pfefferkörner, die Wacholderbeeren, die Kräuterzweige und das Salz ins warme Öl geben.
3. Etwa 30 Minuten auf der ausgeschalteten Herdplatte ziehen lassen. Dann mit Hilfe eines Trichters wieder in die Flasche füllen und an einem dunklen, kühlen Ort etwa 4 Wochen durchziehen lassen.

Basenwert: ★

TIPP: Ob Thymian, Rosmarin, Oregano oder alle drei zusammen: Die frischen Kräuter sorgen für reichlich Basen, Mineralien und Vitamine. Verwenden Sie dieses aromatische Öl zum Anbraten von Fleisch und Fisch. Es ist auch eine perfekte Ergänzung für Mittelmeer-Gemüse und Salate.

KNACKIGER RUCOLASALAT MIT ZITRONENDRESSING

Knackig frische Salatvariationen

Taboulé aus dem Orient

Für 4 Personen | ca. 30 Minuten

1 EL Olivenöl | 150 g feiner Bulgur (Weizengrütze) | 500 ml Gemüsebrühe | 1 Bund Schnittlauch | 1 Bund Petersilie | 1 Bund Pfefferminze | 3 reife Tomaten | 1/2 Gurke | 2 Knoblauchzehen | Saft von 1 Zitrone | 5 EL Olivenöl | 1 TL Senf | Kräutersalz | Pfeffer

1. Das Olivenöl in einem kleinen Topf erhitzen, Bulgur hineingeben und mit dem Öl vermischen. Die Gemüsebrühe dazugießen und kurz aufkochen lassen. Bulgur bei schwacher Hitze 5 Minuten garen. Die Herdplatte abschalten und den Bulgur nachquellen lassen. Fertigen Bulgur abkühlen lassen.
2. Schnittlauch, Petersilie und Minze waschen und trocknen. Schnittlauch ganz fein hacken, Petersilie- und Minzeblättchen abzupfen und ebenfalls fein hacken.
3. Tomaten und Gurke waschen und fein würfeln, Stielansätze der Tomaten entfernen. Fein gewürfeltes Gemüse und Kräuter mit dem Bulgur in eine große Schüssel geben.
4. Den Knoblauch abziehen und auspressen, mit Zitronensaft, Olivenöl, Senf, Kräutersalz und Pfeffer zu einer würzigen Marinade verrühren und unter den Bulgur und das Gemüse mischen. Salat gut durchziehen lassen und vor dem Servieren nochmals abschmecken.

PRO PERSON CA. 290 KCAL,
6 g **EW**, 16 g **F**, 31 g **KH**
Basenwert: ★★

TIPP: Je feiner die Zutaten geschnitten werden, desto besser schmeckt Taboulé.

Knackiger Rucolasalat mit Zitronendressing

Für 4 Personen | ca. 10 Minuten

1 Bund Rucola | 1 Bund Frühlingszwiebeln | 1/2 Bund Radieschen | 100 g Schafkäse | 2 EL Kapern | 4 EL Sonnenblumenkerne | 1 EL Zitronensaft | 2 EL Sonnenblumenöl | Salz | Pfeffer

1. Den Rucola verlesen, grobe Stängel dabei entfernen. Rucola waschen, trocknen und in Stücke zupfen. In eine Salatschüssel geben.
2. Die Frühlingszwiebeln waschen und putzen und den weißen Teil bis zum hellgrünen Teil in feine Ringe schneiden. Die Radieschen gründlich waschen, putzen und in dünne Scheiben schneiden. Beides zum Rucola in die Schüssel geben.
3. Den Schafkäse zerbröckeln und mit den Kapern zu den anderen Zutaten geben. Die Sonnenblumenkerne ohne Fett in einer kleinen Pfanne kurz rösten.
4. Aus Zitronensaft, Öl, Salz und Pfeffer ein Dressing anrühren und über den Salat geben. Salat durchmischen, auf vier Teller verteilen und mit den Sonnenblumenkernen bestreuen.

PRO PERSON CA. 177 KCAL,
8 g **EW**, 15 g **F**, 3 g **KH**
Basenwert: ★

Rezepte

Bunter Salat mit knuspriger Hähnchenbrust

Für 2 Personen | ca. 20 Minuten

1 kleiner Friséesalat | 1/2 Baby-Ananas | 1 Kiwi | 6 braune Champignons | 1 Hähnchenbrustfilet (ohne Haut) | Salz | Pfeffer | 4 EL Rapsöl | Currypulver | 2 TL Zitronensaft | Paprikapulver

1. Den Friséesalat putzen, waschen, trocken schleudern und in mundgerechte Stücke zupfen. In eine Salatschüssel geben.
2. Die Ananas schälen, dabei den Strunk und die braunen »Augen« ebenfalls entfernen. Fruchtfleisch in feine Scheiben schneiden. Die Kiwi schälen und in dünne Scheiben schneiden. Die Champignons putzen, trocken abreiben und in feine Scheiben schneiden. Obst und Pilze zum Salat in die Schüssel geben.
3. Das Hähnchenbrustfilet abspülen, trocknen, leicht salzen und pfeffern. 2 EL Öl erhitzen und das Fleisch darin bei mittlerer Hitze ca. 5 Minuten von jeder Seite knusprig braten. Mit 1 Prise Currypulver bestäuben. Kurz ruhen lassen, dann in feine Scheiben schneiden und auf dem Salat anrichten.
4. Aus den restlichen 2 EL Öl, dem Zitronensaft, Salz, Pfeffer und Paprikapulver eine Marinade anrühren und über den Salat geben.

PRO PERSON CA. 438 KCAL,
25 g EW, 27 g F, 25 g KH
Basenwert: ★

INFO: Lecker als raffinierte Vorspeise oder kleines Mittagsgericht zum Sattessen.

Rettichsalat mit Radieschen und Apfel

Für 2 Personen | ca. 20 Minuten

1 kleiner Rettich | Salz | 2 TL Olivenöl | 1 EL Zitronensaft | Pfeffer | 1/2 Bund Radieschen | 2 Frühlingszwiebeln | 1 kleiner Apfel | 1/2 Bund Schnittlauch | 2 Zweige Zitronenmelisse

1. Den Rettich schälen, in sehr dünne Scheiben schneiden, in ein Sieb geben, mit 1 TL Salz bestreuen und einmal gut durchschütteln. Das sich bildende Wasser nach 15 Minuten abgießen, dabei den Rettich leicht ausdrücken. Rettich in eine Schüssel geben, mit Öl und Zitronensaft beträufeln und mit Pfeffer würzen.
2. Die Radieschen putzen, waschen und in feine Scheiben schneiden. Die Frühlingszwiebeln putzen, waschen und in feine Röllchen schneiden. Den Apfel waschen, vierteln, vom Kernhaus befreien und in Stifte schneiden. Alles zum Rettich geben.
3. Schnittlauch waschen, trocknen, in Röllchen schneiden und zum Rettich geben. Alle Zutaten gut verrühren, den Salat kalt stellen und 30 Minuten ziehen lassen. Zitronenmelisse waschen, trocknen, die Blättchen abzupfen und über den Salat streuen.

PRO PERSON CA. 114 KCAL,
2 g EW, 10 g F, 3 g KH
Basenwert: ★★★

INFO: Rettich enthält viel Provitamin A, Eisen, Kalium, Kalzium und Phosphor sowie Vitamin B und C. Seine ätherischen Öle fördern den Gallefluss und unterstützen die Leber bei ihrer Entgiftungsfunktion.

Knackig frische Salatvariationen

Chicorée-Salat mit Apfel und Putenstreifen

Für 4 Personen | ca. 25 Minuten

200 g Putenbrust | 2 EL Sojasauce | Meersalz | Pfeffer | 2 Chicoréestauden | 2 mittelgroße Äpfel | 1 kleiner Friséesalat | 1 EL Olivenöl | 100 g frischer Naturjoghurt | 2 TL Zitronensaft | Zucker | 1/2 Bund Petersilie | 2 EL Sonnenblumenkerne

1. Die Putenbrust waschen, trocken tupfen und quer in schmale Streifen schneiden. In Sojasauce legen, salzen und pfeffern und zugedeckt etwa 15 Minuten ziehen lassen.
2. Inzwischen den Chicorée putzen, waschen, längs halbieren und den bitteren Strunk in der Mitte herausschneiden. Chicoréehälften quer in Streifen schneiden.
3. Äpfel waschen, vierteln, entkernen und in Stifte schneiden. Den Friséesalat putzen, waschen und in mundgerechte Stücke zupfen. Chicorée, Äpfel und Frisée in einer Schüssel locker vermischen.
4. Das Fleisch aus der Marinade nehmen. Das Öl erhitzen und das Fleisch ca. 5 Minuten bei mittlerer Hitze braten. Auf dem Salat anrichten.
5. Joghurt und Zitronensaft mit Salz, Pfeffer und 1 Prise Zucker verrühren. Die Petersilie waschen, trocknen und hacken. Sonnenblumenkerne ohne Fett anrösten. Das Dressing an den Salat geben, Petersilie und Sonnenblumenkerne darüberstreuen.

PRO PERSON CA. 167 KCAL, 15 g **EW**, 7 g **F**, 11 g **KH**
Basenwert: ★

Eichblattsalat mit rosa Grapefruit und Melisse

Für 2 Personen | ca. 15 Minuten

1/2 kleiner Eichblattsalat | 1 rosa Grapefruit | 1 TL Zitronensaft | 1 TL Senf | Salz | Pfeffer | Zucker | 2 EL Olivenöl | 5 Zweige Zitronenmelisse | 2 EL Walnusskerne

1. Eichblattsalat verlesen, waschen und abtropfen lassen. In mundgerechte Stücke zupfen und in eine Schüssel geben.
2. Die Grapefruit mit einem sehr scharfen Messer bis zur weißen Innenhaut schälen und halbieren. Die Fruchtfilets vorsichtig herauslösen, die weiße Haut dabei entfernen. Die Filets in Stücke schneiden und mit den Salatblättern mischen.
3. Aus Zitronensaft, Senf, Salz, Pfeffer, 1 Prise Zucker und Öl eine milde Sauce anrühren.
4. Die Zitronenmelisse waschen und trocken schütteln. Die Blättchen abzupfen und klein schneiden. Melisse unter das Dressing mischen und über den Salat geben. Die Walnusskerne grob hacken und obendrauf streuen.

PRO PERSON CA. 211 KCAL, 3 g **EW**, 17 g **F**, 10 g **KH**
Basenwert: ★★★

INFO: Der säuerliche Geschmack der Grapefruit täuscht. Die Frucht wirkt basisch im Körper und senkt nach neuesten Untersuchungen sogar den Cholesterinspiegel.

Rezepte

Griechischer Kartoffelsalat mit Oliven

Für 4 Personen | ca. 30 Minuten

1 kg Kartoffeln | Salz | 1 kleine Gärtnergurke | 2 Zwiebeln | 3 EL Zitronensaft | Pfeffer | 6 EL Olivenöl | 2 Knoblauchzehen | 2 Stängel frischer Thymian | 2 EL Kapern | 100 g grüne Oliven (ohne Stein)

1. Die Kartoffeln mit der Schale in Salzwasser etwa 20 Minuten gar kochen, abgießen und in der Schale abkühlen lassen.
2. Die Gurke schälen und in Scheiben schneiden. Die Zwiebeln abziehen und in feine Ringe schneiden. Den Zitronensaft mit Salz und Pfeffer verrühren. Das Öl dazugeben und alles zu einem cremigen Dressing verrühren.
3. Den Knoblauch abziehen, durch die Presse zum Dressing drücken. Thymian waschen, trocknen, die Blätter abzupfen und unter das Dressing mischen.
4. Die abgekühlten Kartoffeln pellen, in Scheiben schneiden und mit den Gurken, Zwiebeln, Kapern und Oliven in das Dressing geben. Zutaten vorsichtig miteinander vermischen. Den Salat zugedeckt 30 Minuten ziehen lassen und vor dem Servieren nochmals abschmecken.

PRO PERSON CA. 371 KCAL,
5 g **EW**, 19 g **F**, 42 g **KH**
Basenwert: ★★★

Asia-Salat mit Sojasprossen

Für 4 Personen | ca. 20 Minuten

200 g frische Sojasprossen | 1 Bund Frühlingszwiebeln | 1 große Fleischtomate | 200 g Tofu | 3 EL Sojasauce | 3 EL Sesamöl | 2 EL Limettensaft | 1/2 TL Meerrettich (aus dem Glas) | Pfeffer | 1–2 TL Chilisauce | 2 EL Sesamsamen

1. Die Sojasprossen in sprudelnd kochendem Wasser kurz blanchieren, abschrecken und abtropfen lassen.
2. Die Frühlingszwiebeln putzen, waschen und in feine Ringe schneiden.
3. Die Fleischtomate mit heißem Wasser überbrühen, häuten und klein würfeln. Dabei den Stielansatz entfernen.
4. Den Tofu in Würfel schneiden und diese kurz in 1 EL Sojasauce marinieren.
5. 1 EL Öl in einer Pfanne erhitzen und die Tofuwürfel bei mittlerer Hitze 4 bis 5 Minuten braten. Sojasprossen, Frühlingszwiebelringe, Tomaten- und Tofuwürfel in eine Schüssel geben und vermischen.
6. Die restlichen 2 EL Sojasauce mit Limettensaft, Meerrettich, den restlichen 2 EL Öl, Pfeffer und Chilisauce verrühren und über das Gemüse geben.
7. Die Sesamsamen in einer Pfanne ohne Fett goldgelb rösten und auf den Salat streuen.

PRO PERSON CA. 189 KCAL,
8 g **EW**, 14 g **F**, 8 g **KH**
Basenwert: ★★★

INFO: Sprossen haben basischen Charakter und liefern insbesondere im Herbst und Winter frische Vitamine und Mineralien.

Bauernsalat mit Feta

2 Personen | ca. 15 Minuten

75 g Blattsalat (z. B. Römischer Salat, Lollo rosso) | 1/4 Salatgurke | 1 Fleischtomate | 1/2 grüne Paprikaschote | 1 Zwiebel | 50 g Feta (griechischer Schafkäse) | 4 schwarze Oliven (ohne Stein) | 1 Stängel Petersilie | etwas frischer Oregano | 2 TL Olivenöl | 1 EL Apfelessig | Meersalz | Pfeffer

1. Den Blattsalat waschen, trocknen und in mundgerechte Blätter zupfen. Die Salatgurke waschen, in Scheiben und diese dann in Würfel schneiden. Die Tomate waschen, halbieren, vom Stielansatz befreien und würfeln. Die Paprika waschen, entkernen und in Streifen schneiden. Die Zwiebel abziehen und in dünne Ringe schneiden.
2. Den Feta abtropfen lassen und in Würfel schneiden. Salat, Gurke, Tomate, Paprika und Zwiebelringe in eine Schüssel geben.
3. Die Oliven halbieren und ebenfalls in die Schüssel geben. Petersilie und Oregano waschen. Die Petersilienblätter abzupfen und klein schneiden. Oreganoblättchen abzupfen und ganz klein hacken. Sie schmecken sehr intensiv, sparsam verwenden.
4. Aus Öl, Essig, den Kräutern, Salz und Pfeffer ein Dressing anrühren und über den Salat geben. Vorsichtig mit dem Salat vermischen. Den Feta obenauf verteilen.

PRO PERSON CA. 186 KCAL, 7 g **EW**, 14 g **F**, 87 g **KH**
Basenwert: ★★

Nudelsalat mit Pfifferlingen und Pinienkernen

Für 2 Personen | ca. 30 Minuten

200 g Hörnchennudeln | 300 g Spinat (ersatzweise TK-Blattspinat) | 2 Knoblauchzehen | 200 g Pfifferlinge (oder braune Champignons) | 5 EL Pinienkerne | Salz | Pfeffer | 100 g getrocknete Tomaten (in Öl) | 2 EL Olivenöl | 1 EL Aceto balsamico

1. Nudeln in kochendem Salzwasser nach Packungsanleitung bissfest kochen. In ein Sieb abgießen und kalt abschrecken.
2. Den Spinat putzen, gründlich waschen, trocknen und grob hacken. (Tiefgekühlten Spinat auftauen lassen).
3. Den Knoblauch abziehen und fein hacken. Die Pilze putzen, trocken abreiben und in Scheiben schneiden.
4. Pinienkerne ohne Fett bei schwacher Hitze leicht anrösten. Knoblauch dazugeben und bei schwacher Hitze unter Rühren weiterrösten, bis die Pinienkerne goldgelb sind (aufpassen, dass der Knoblauch nicht verbrennt!). Spinat dazugeben und unter Rühren zusammenfallen lassen. Mit Salz und Pfeffer würzen.
5. Die Tomaten mit Küchenpapier entfetten und in feine Streifen schneiden. Alle Zutaten mit dem Olivenöl und dem Aceto balsamico unter die Nudeln heben.
6. Die Pilze nur kurz ohne Fett in der Pfanne anrösten, salzen und pfeffern. Unter den Nudelsalat mischen. Den Salat mindestens 50 Minuten ziehen lassen.

PRO PERSON CA. 725 KCAL, 23 g **EW**, 7 g **F**, 86 g **KH**
Basenwert: ★

SALAT MIT RINDERFILET UND KÜRBISKERNEN

Knackig frische Salatvariationen

Salat mit Rinderfilet und Kürbiskernen

Für 2 Personen | ca. 15 Minuten

1/4 Eisbergsalat | 1/4 Honigmelone | 1/2 Birne | 1/2 Zucchino | 1 TL Zitronensaft | Meersalz | Pfeffer | 4 EL Maiskeimöl | 2 EL Kürbiskerne | 150 g Rinderfilet

1. Den Eisbergsalat waschen, trocken schleudern und in mundgerechte Stücke zupfen. Die Melone von der Schale abschneiden, die Kerne entfernen und das Fruchtfleisch in Scheiben schneiden. Die Birne waschen, vom Kernhaus befreien und klein schneiden.
2. Den Zucchino putzen, waschen und in hauchdünne Scheiben hobeln oder schneiden. Salat, Obst und Zucchino in eine Schüssel geben und vermischen.
3. Aus Zitronensaft, Salz, Pfeffer und 2 EL Maiskeimöl ein Dressing anrühren und über den Salat geben.
4. Die Kürbiskerne in einer Pfanne ohne Fett unter Rühren anrösten und abkühlen lassen.
5. Rinderfilet waschen, abtupfen und in ganz dünne Streifen schneiden. Die restlichen 2 EL Öl in einer Pfanne erhitzen, Rindfleisch darin nur ganz kurz rosa braten, mit Salz und Pfeffer würzen und auf dem Salat verteilen. Kürbiskerne aufstreuen und den Salat servieren.

PRO PERSON CA. 413 KCAL,
20 g **EW**, 28 g **F**, 20 g **KH**
Basenwert: ★

Mittelmeersalat à la Niçoise

Für 4 Personen | ca. 30 Minuten

400 g Kartoffeln | 1 rote Zwiebel | 2 Eier | 200 g grüne Bohnen | Meersalz | 4 Kirschtomaten | 1 gelbe Paprikaschote | 4 Champignons | 1 kleiner Romanasalat | 12 schwarze Oliven (ohne Stein) | 1 EL Kapern | 3 EL warme Gemüsebrühe | 3 EL Weißweinessig | 6 EL Olivenöl | Pfeffer

1. Die Kartoffeln abbürsten und mit Schale in wenig Wasser 20 bis 25 Minuten dämpfen. Abgießen, noch warm schälen und in dünne Scheiben schneiden.
2. Die Zwiebel abziehen und in feine Ringe schneiden. Die Eier in ca. 8 Minuten hart kochen, mit kaltem Wasser abschrecken, pellen und längs vierteln.
3. Die Bohnen waschen, putzen und 5 bis 8 Minuten in sprudelnd kochendem Wasser bissfest garen. Bohnen kalt abschrecken, salzen und längs einmal durchschneiden.
4. Die Kirschtomaten waschen und vierteln. Die Paprikaschote waschen, putzen und in mundgerechte Stücke schneiden. Die Champignons trocken abreiben, putzen und in Scheiben schneiden. Den Salat waschen, trocknen und in mundgerechte Stücke zupfen.
5. Alle Zutaten auf einer großen Platte verteilen, Oliven und Kapern darüber streuen.
6. Aus der Gemüsebrühe, dem Essig, dem Öl und Salz und Pfeffer eine Marinade anrühren und über den Salat geben.

PRO PERSON CA. 343 KCAL,
8 g **EW**, 24 g **F**, 22 g **KH**
Basenwert: ★★

Knackiger Salat mit Spinat und Chili

Für 2 Personen | ca. 15 Minuten

100 g Farfalle (oder andere kurze Nudeln) | Salz | 100 g frischer Spinat | 2 Frühlingszwiebeln | 1 vollreife Tomate | getrockneter Oregano | 1/2 Chilischote | 1 Knoblauchzehe | 1 EL Olivenöl | Pfeffer

1. Die Nudeln nach Packungsanleitung in Salzwasser bissfest kochen, in ein Sieb abgießen und kurz abschrecken. Nudeln in eine Schüssel geben.
2. Den Spinat verlesen, gründlich waschen und trocken schütteln. Die Frühlingszwiebeln putzen, waschen und fein schneiden, den Spinat in feine Streifen schneiden. Die Tomate waschen, vom Stielansatz befreien und würfeln. Spinat, Frühlingszwiebeln und Tomatenwürfel zu den warmen Nudeln geben. Etwas Oregano zwischen den Fingern zerdrücken und unter die Nudeln mischen.
3. Die Chilischote waschen, entkernen und in sehr schmale Streifen schneiden. Den Knoblauch abziehen und fein hacken. Aus Öl, Chilischote, Knoblauch, Salz und Pfeffer ein Dressing anrühren und mit den Nudeln und dem Gemüse vermischen. Nudelsalat sofort servieren.

**PRO PERSON CA. 253 KCAL,
9 g EW, 6 g F, 42 g KH
Basenwert: ★★**

Sauerkrautsalat mit Birne und Ananas

Für 2 Personen | ca. 15 Minuten

100 g Sauerkraut | 100 g Weißkohl | 1 Birne | 1 kleine Stange Lauch | 1 Scheibe Ananas (frisch oder aus der Dose) | 1 EL saure Sahne | 1 Msp. gemahlener Kümmel | 2 Walnusskerne

1. Das Sauerkraut klein schneiden. Den Weißkohl waschen, putzen und auf der Küchenreibe mittelgrob reiben. Die Birne schälen, vierteln, vom Kernhaus befreien und würfeln. Sauerkraut, Weißkohl und Birne in eine Schüssel geben.
2. Den Lauch putzen, längs aufschneiden und gründlich waschen. In feine Ringe schneiden. Frische Ananas schälen; geschälte Ananas bzw. Ananas aus der Dose in kleine Würfel schneiden. Beides in die Schüssel geben.
3. Für das Dressing die saure Sahne mit dem Kümmel verrühren. Das Dressing unter die Zutaten mischen. Die Walnusskerne grob hacken und unter den Salat heben.

**PRO PERSON CA. 126 KCAL,
3 g EW, 4 g F, 26 g KH
Basenwert: ★★★**

Knackig frische Salatvariationen

Grüner Salat mit Orangensauce

Für 2 Personen | ca. 15 Minuten

2 Scheiben Ananas (frisch oder aus der Dose) | 1 Orange | 1/2 Bund Schnittlauch | 200 g Joghurt | 1 TL Essig | Meersalz | weißer Pfeffer | 1/2 Kopfsalat

1. Frische Ananas schälen; geschälte Ananas bzw. Ananas aus der Dose klein schneiden. Die Orange mit einem scharfen Messer bis in die weiße Innenhaut schälen und die Fruchtfilets herauslösen. Den Saft dabei auffangen.
2. Den Schnittlauch waschen, trocknen und in feine Röllchen schneiden.
3. Den Joghurt mit dem aufgefangenen Orangensaft, dem Essig und 1 EL Schnittlauch verrühren und mit Salz und Pfeffer abschmecken.
4. Den Kopfsalat waschen, putzen, trocknen und in mundgerechte Stücke pflücken. In eine Schüssel geben und mit den Orangenfilets, den Ananasstücken und dem restlichen Schnittlauch garnieren. Die Joghurtsauce darübergeben.

PRO PERSON CA. 101 KCAL,
4 g **EW**, 3 g **F**, 21 g **KH**
Basenwert: ★★

INFO: Für einen ausgewogenen Säure-Basen-Haushalt sind grüne Salate und Gemüse besonders wertvoll. Die Orangensauce schmeckt zwar säuerlich, ist aber basisch.

Gemüsesticks mit Tomatenfrischkäse

Für 4 Personen | ca. 20 Minuten

Für die Gemüsesticks: 1 rote Paprikaschote | 1 grüne Paprikaschote | 4 Stangen Staudensellerie | 2 Kohlrabi | 2 Möhren | 1/4 Salatgurke | 1 Staude Chicorée
Für den Dip: 200 g Frischkäse | 2 EL saure Sahne | 1 Tomate | 1/2 Bund Schnittlauch | Salz | Pfeffer

1. Die Paprikaschoten waschen, halbieren und vom Stielansatz befreien. Die Kerne und die Trennwände entfernen und die Paprikahälften längs in schmale Streifen schneiden.
2. Den Sellerie waschen, putzen und in fingerlange Stücke schneiden. Kohlrabi und Möhren schälen. Kohlrabi zuerst in Scheiben, dann in fingerdicke Stifte schneiden. Die Möhren längs vierteln.
3. Die Gurke waschen und längs achteln. Den Chicorée längs halbieren, den Strunk herausschneiden, Chicoréehälften waschen und in die Einzelblätter teilen. Alle Gemüse dekorativ auf einer Platte anrichten.
4. Für den Dip den Frischkäse mit saurer Sahne anrühren. Die Tomate waschen, vom Stielansatz befreien und klein würfeln. Den Schnittlauch waschen, trocknen und in kleine Röllchen schneiden. Tomatenwürfel und Schnittlauchröllchen unter den Dip rühren und mit Salz und Pfeffer abschmecken. Den Dip zu den Gemüsesticks servieren.

PRO PERSON CA. 249 KCAL,
11 g **EW**, 17 g **F**, 13 g **KH**
Basenwert: ★★★

Leckere vegetarische Gerichte

Gemüse-Tomaten-Basensauce

Für 2 Personen | ca. 30 Minuten

1 rote und 1 gelbe Paprikaschote | 6 EL getrocknete Tomaten (in Öl) | 1 rote Zwiebel | 2 Knoblauchzehen | 2 EL Olivenöl | 3 EL Gemüsebrühe | 1/2 TL gerebelter Thymian | 100 g Frischkäse | Meersalz | Pfeffer | 1 Bund Dill

1. Paprikaschoten waschen, putzen und klein würfeln. Tomaten klein schneiden. Zwiebel und Knoblauch abziehen und hacken.
2. Olivenöl erhitzen, Knoblauch und Zwiebel kurz andünsten. Paprika und Tomaten dazugeben. Gemüsebrühe und Thymian untermischen und zugedeckt etwa 20 Minuten leise kochen lassen.
3. Den Frischkäse dazugeben, die Sauce pürieren und abschmecken.
4. Dill waschen, trocken schütteln, fein schneiden und über die Sauce streuen.

PRO PERSON CA. 200 KCAL,
11 g EW, 12 g F, 12 g KH
Basenwert: ★★★

Maronen mit Rotkraut

Für 4 Personen | ca. 40 Minuten

1 kg Rotkohl | 1 Apfel | 1 Zwiebel | 1 EL Sonnenblumenöl | 2 TL Zitronensaft | 2 Gewürznelken | 1 Lorbeerblatt | 1 Zimtstange | Salz | Pfeffer | 1 EL Pflaumen- oder Kirschsaft | 500 g geschälte Maroni

1. Rotkohl putzen, durchschneiden und in feine Streifen schneiden.
2. Den Apfel schälen, vierteln, vom Kernhaus befreien und in kleine Stücke schneiden. Zwiebel abziehen und fein hacken. Rotkohl, Apfel und Zwiebel mit Öl, Zitronensaft und den Gewürzen mischen und über Nacht ziehen lassen.
3. Rotkohl in einem Topf bei schwacher Hitze etwa 30 Minuten dünsten. Lorbeerblatt und Zimtstange entfernen, Gemüse mit Salz und Pfeffer abschmecken. Vor dem Anrichten den Pflaumensaft unterrühren. Die Maronen kurz erwärmen und mit dem Rotkraut servieren.

PRO PERSON CA. 390 KCAL,
8 g EW, 6 g F, 77 g KH
Basenwert: ★★★

Leckere vegetarische Gerichte

Marinierter Tofu in Pflaumenwein

Für 4 Personen | ca. 40 Minuten + Marinieren

400 g fester Tofu | 1 haselnussgroßes Stück Ingwer | 1 Knoblauchzehe | 4 EL Pflaumenwein | 2 EL Sojasauce | 2 EL Apfelessig | Salz | Pfeffer | Zucker

1. Den Tofu abtropfen lassen und in ca. 1,5 cm dicke Scheiben schneiden.
2. Ingwer und Knoblauch schälen und sehr fein hacken. Pflaumenwein, Sojasauce, Apfelessig, Salz, Pfeffer und 1 Prise Zucker mit dem Schneebesen zu einer Marinade schlagen. Ingwer und Knoblauch zur Marinade geben.
3. Die Marinade in eine flache Form geben. Die Tofuscheiben in die Marinade legen und im Kühlschrank mehrere Stunden (am besten über Nacht) marinieren.
4. Den Backofen auf 200 °C vorheizen. Den Tofu in der Marinade in einer ofenfesten Form ca. 30 Minuten backen, bis der Tofu die Marinade aufgesaugt hat bzw. die Marinade verdampft ist.

PRO PERSON CA. 112 KCAL,
10 g **EW**, 5 g **F**, 4 g **KH**
Basenwert: ★★★

TIPP: Dazu passen die Mandelhirse (siehe rechts) und knackiges Frühlingsgemüse oder Taboulé (siehe Seite 67).

Mandelhirse mit Ingwer

Für 2 Personen | ca. 25 Minuten

1 Tasse Hirse (ca. 150 g) | 1 haselnussgroßes Stück Ingwer | 4 EL gehackte Mandeln | 2 Tassen Wasser (ca. 300 ml) | Meersalz | weißer Pfeffer | 4 Stängel Petersilie

1. Die Hirse in ein Sieb geben, kalt abspülen und abtropfen lassen. Abgetropfte Hirse in einen Topf geben und bei mittlerer Hitze unter Rühren anrösten.
2. Den Ingwer schälen, hacken und mit den gehackten Mandeln zu der Hirse geben.
3. Das Wasser dazugießen und zum Kochen bringen. Hirse etwa 5 Minuten sanft kochen lassen und mit Salz und Pfeffer abschmecken. Die Hirse bei ganz schwacher Hitze etwa 15 Minuten ausquellen lassen.
4. Die Petersilie waschen, trocken schütteln, fein hacken und darüberstreuen.

PRO PERSON CA. 472 KCAL,
15 g **EW**, 15 g **F**, 70 g **KH**
Basenwert: ★ (in Kombination mit Salat)

INFO: Hirse wird eher dem basischen Bereich zugeordnet. Die kleinen goldgelben Körner sind reich an Kieselsäure und Mineralien wie Magnesium, Fluor und Eisen.

TIPP: Die Hirse mit knackigem Frühlingsgemüse oder einem frischen Salat servieren.

BUCHWEIZEN-CRÊPES MIT SPINAT UND SCHAFKÄSE

Leckere vegetarische Gerichte

Schnelles Frühlingsgemüse auf leichte Art

Für 2 Personen | ca. 20 Minuten

4 junge Möhren | 1 Bund Frühlingszwiebeln | 1 Zwiebel | 1 haselnussgroßes Stück Ingwer | 1 EL Butter | Zucker | Salz | weißer Pfeffer | 2 EL Gemüsebrühe

1. Die Möhren waschen und in feine Scheiben schneiden. Die Frühlingszwiebeln putzen, waschen und den weißen und hellgrünen Teil in kleine Ringe schneiden. Frühlingszwiebeln beiseitestellen.
2. Zwiebel und Ingwer schälen und beides fein hacken. Die Butter in einem Topf erhitzen und Zwiebel und Ingwer darin andünsten. Die Möhren und 1 Prise Zucker dazugeben. Möhren salzen und pfeffern. Die Gemüsebrühe dazugeben und alles zugedeckt bei mittlerer Hitze ca. 5 Minuten garen.
3. Die gegarten Möhren nochmals mit Salz und Pfeffer abschmecken und die Frühlingszwiebelringe unterheben.

**PRO PERSON CA. 93 KCAL,
3 g EW, 5 g F, 10 g KH
Basenwert: ★★★**

TIPP: Dazu schmecken die Kalbsmedaillons von Seite 104 oder der gebratene Loup de mer (siehe Seite 97).

Buchweizen-Crêpes mit Spinat und Schafkäse

Für 2 Personen | ca. 25 Minuten

200 g Buchweizenmehl | 1 EL Sonnenblumenöl + Öl für die Pfanne | Salz | 200 g Blattspinat (ersatzweise TK-Blattspinat) | 75 g Schafkäse | 3–4 EL Sahne | Pfeffer | frisch geriebene Muskatnuss

1. Das Mehl in eine Schüssel geben. Nach und nach etwa 300 ml Wasser unterrühren. Mit 1 EL Öl zu einem glatten Teig verrühren und leicht salzen. Etwa 15 Minuten ruhen lassen.
2. Für die Füllung den Blattspinat putzen, waschen und abtropfen lassen. Schafkäse zerbröckeln. Spinat, Schafkäse und Sahne vermischen und mit Salz, Pfeffer und etwas Muskatnuss würzen.
3. Diese Mischung in einem Topf erhitzen, bis der Spinat zusammenfällt, nochmals mit Salz, Pfeffer und Muskatnuss abschmecken und warm halten.
4. Wenig Öl in einer beschichteten Pfanne erhitzen. Etwas Teig in die Pfanne geben und gut verteilen, damit die Crêpes ganz dünn werden. Crêpes auf jeder Seite höchstens 1 Minute backen, fertige warm halten. Wenn alle Crêpes gebacken sind, mit der Spinat-Schafkäse-Mischung füllen und servieren.

**PRO PERSON CA. 518 KCAL,
20 g EW, 16 g F, 73 g KH
Basenwert: ★**

INFO: Buchweizen tendiert zum Basischen und enthält reichlich Kalium, Magnesium und Eisen.

Bircher-Kartoffeln vom Blech mit Avocado-Salsa

Für 2 Personen | ca. 45 Minuten

6 mittelgroße Kartoffeln | 3 EL Olivenöl | 1 EL Kümmel | 1 EL Majoran | Kräutersalz | 1 reife Avocado | 1 TL Zitronensaft | 2 EL saure Sahne | Pfeffer | 1 EL Kapern

1. Die Kartoffeln gründlich waschen, wenn nötig bürsten und der Länge nach halbieren. Ein Backblech mit Öl bestreichen. Den Backofen auf 180 °C vorheizen.
2. Kümmel, Majoran und Kräutersalz mischen, die Schnittfläche der Kartoffeln damit bestreuen. Die Kartoffeln mit der Schnittfläche nach unten auf das Blech legen. Die Schale mehrmals einritzen, mit Öl bestreichen und der restlichen Kräutermischung bestreuen.
3. Das Blech in den Ofen schieben und die Kartoffeln auf der mittleren Schiene in 30 bis 40 Minuten garen.
4. Inzwischen für die Salsa die Avocado halbieren und das Fruchtfleisch herauslöffeln. Fruchtfleisch sofort mit dem Zitronensaft pürieren. Die saure Sahne dazugeben und die Mischung mit Kräutersalz und Pfeffer würzen, die Kapern unterheben. Die Avocado-Salsa mit den Kartoffeln servieren.

PRO PERSON CA. 529 KCAL, 8 g EW, 34 g F, 45 g KH
Basenwert: ★★★

TIPP: Bircher-Kartoffeln schmecken auch lecker mit frischem Salat, der Möhrencreme (Seite 51), Gurkenmousse (Seite 52) oder der Gemüsesauce mit Frischkäse (Seite 76).

Hummus – arabisches Kichererbsenpüree

Für 2 Personen | ca. 45 Minuten

200 g getrocknete Kichererbsen (ersatzweise aus der Dose) | 500 ml Gemüsebrühe | 1 EL Zitronensaft | 3 EL Olivenöl | 1 Knoblauchzehe | 1/2 rote Chilischote | 10 schwarze Oliven (ohne Stein) | Meersalz | Pfeffer | Currypulver | 3–4 Stängel glatte Petersilie

1. Die Kichererbsen über Nacht in kaltem Wasser einweichen und am nächsten Tag abgießen. Mit der Gemüsebrühe in einen Topf geben und in 30 bis 40 Minuten bissfest garen. (Kichererbsen aus der Dose abtropfen lassen).
2. Kichererbsen mit Zitronensaft und Olivenöl pürieren. Den Knoblauch abziehen und durch die Presse dazudrücken. Die Chilischote waschen, putzen, entkernen und in sehr feine Streifen schneiden. Die Oliven klein schneiden, Chili und Oliven unter das Püree rühren. Das Püree mit Salz, Pfeffer und Currypulver würzig abschmecken.
3. Die Petersilie waschen, trocknen, grob hacken und mit dem Kichererbsenpüree anrichten.

PRO PERSON CA. 548 KCAL, 20 g EW, 31 g F, 48 g KH
Basenwert: ★ (in Kombination mit Gemüse oder Kartoffeln)

TIPPS: Wer es eilig hat, nimmt Kichererbsen aus der Dose. Noch aromatischer schmeckt es, wenn man 1–2 TL Tahine (Sesampaste aus dem Reformhaus) unterhebt. Bitte vorsichtig dosieren wegen des intensiven Geschmacks!

Leckere vegetarische Gerichte

Kartoffelgratin mit Blattspinat

Für 4 Personen | ca. 1 Stunde 10 Minuten

300 g Blattspinat (ersatzweise TK-Blattspinat) | 1 Schalotte | 2 Knoblauchzehen | 3 TL Butter | Salz | weißer Pfeffer | frisch geriebene Muskatnuss | 600 g Kartoffeln | 200 ml frische Milch | 200 g Sahne

1. Den Spinat verlesen, putzen und waschen. Schalotte und Knoblauch abziehen und hacken. In einem Topf 1 TL Butter zerlassen. Schalotte und Knoblauch darin bei mittlerer Hitze 2 bis 3 Minuten andünsten. Den Spinat dazugeben und bei mittlerer Hitze zusammenfallen lassen. Grob hacken und mit Salz, Pfeffer und Muskatnuss abschmecken.
2. Die Kartoffeln schälen, in nicht zu dünne Scheiben hobeln und in sprudelnd kochendem Salzwasser einige Minuten blanchieren.
3. Den Backofen auf 200 °C vorheizen und eine Auflaufform mit 1 TL Butter einpinseln. Die Hälfte der Kartoffelscheiben einfüllen und mit Salz und Pfeffer würzen. Den Spinat auf den Kartoffeln verteilen und die restlichen Kartoffelscheiben darauflegen.
4. Milch und Sahne verquirlen, kräftig mit Salz, Pfeffer und Muskatnuss würzen und über die Kartoffeln gießen. Einige Butterflöckchen daraufsetzen. Das Gratin im Ofen auf der mittleren Schiene 50 Minuten garen.

PRO PERSON CA. 183 KCAL,
8 g **EW**, 20 g **F**, 29 g **KH**
Basenwert: ★★

TIPP: Servieren Sie dazu eine Schüssel Salat – ein perfektes, leckeres Basengericht.

Knusprige Kartoffelpizza mit Schafkäse

Für 4 Personen | ca. 1 Stunde 30 Minuten

1 Würfel Hefe | 300 g Vollkornmehl | 150 ml warme Milch | Meersalz | Zucker | 300 g Kartoffeln | 150 g frische Champignons | 1 Zwiebel | 1 grüne Paprikaschote | 4 reife Tomaten | 5 EL Tomatenmark | 3 EL getrockneter Thymian | 200 g Schafkäse | Pfeffer | Fett und Mehl für das Blech

1. Die Hefe mit den Fingern in einer Schüssel zerbröckeln. Das Mehl mit der Hefe, 3 EL warmer Milch, Salz und 1 Prise Zucker ansetzen und etwa 30 Minuten gehen lassen.
2. Die Kartoffeln waschen und in der Schale in 20 bis 25 Minuten gar kochen. Noch warm pellen und durch die Kartoffelpresse drücken. Mit der restlichen Milch zum Mehl geben und alles zu einem glatten Teig verarbeiten. Nochmals 30 Minuten gehen lassen.
3. Backofen auf 200 °C vorheizen. Ein Backblech fetten und mit etwas Mehl bestäuben. Den Teig direkt auf das Blech ausrollen und mit einer Gabel mehrmals einstechen.
4. Champignons putzen, abreiben und in Scheiben schneiden. Zwiebel abziehen und fein würfeln. Paprikaschote und Tomaten waschen, putzen und beides klein schneiden. Das Tomatenmark auf dem Teig verteilen. Mit Gemüse belegen und mit Thymian bestreuen.
5. Schafkäse kleinschneiden und auf der Pizza verteilen. Im Ofen auf der mittleren Schiene in etwa 30 Minuten knusprig backen.

PRO PERSON CA. 472 KCAL,
25 g **EW**, 13 g **F**, 64 g **KH**
Basenwert: ★ (kombinieren mit Salat)

Rezepte

Gemüseauflauf mit Blätterteigkruste

Für 4 Personen | ca. 1 Stunde

2 Kartoffeln | 1/4 Blumenkohl | 250 g grüne Bohnen | 1 Knoblauchzehe | 2 EL Olivenöl | Salz | Pfeffer | 3 Zweige Bohnenkraut | 100 g Schafkäse | 1 Packung Blätterteig zum Ausrollen (aus dem Kühlregal) | Fett für die Form

1. Die Kartoffeln schälen, waschen und in kleine Würfel schneiden. Den Blumenkohl in kleine Röschen teilen und diese waschen. Die Bohnen waschen und putzen, falls nötig, die Fäden abziehen. Den Knoblauch abziehen und fein hacken.

2. Den Backofen auf 200 °C vorheizen. Eine ofenfeste Auflaufform fetten. Das Öl in einer breiten Pfanne erhitzen, Kartoffeln und Gemüse bei mittlerer Hitze einige Minuten zugedeckt dünsten, mit Salz und Pfeffer würzen. Das Bohnenkraut waschen und klein schneiden. Den Schafkäse würfeln, Bohnenkraut und Schafkäse unter das Gemüse mischen. Alles in die Auflaufform füllen.

3. Den Blätterteig ausrollen, mehrmals mit der Gabel einstechen und auf das Gemüse legen. Den Auflauf auf der mittleren Schiene etwa 45 Minuten goldbraun backen.

PRO PERSON CA. 455 KCAL,
12 g EW, 29 g F, 37 g KH
Basenwert: ★ (kombinieren mit Salat)

Penne mit Zuckerschoten und Pilzen

Für 2 Personen | ca. 20 Minuten

150 g Penne | Salz | 100 g Zuckerschoten | 3 Frühlingszwiebeln | 1 Möhre | 1 Knoblauchzehe | 1 haselnussgroßes Stück Ingwer | 1 EL Sonnenblumenöl | 50 g Champignons | 1 EL Sesamsamen | 3 EL Sojasauce | Pfeffer

1. Die Nudeln in kochendem Salzwasser nach Packungsanleitung bissfest kochen, in ein Sieb abgießen und abtropfen lassen.

2. Die Zuckerschoten waschen, putzen und in kleine Stücke schneiden. Frühlingszwiebeln waschen, putzen und in dünne Ringe schneiden. Die Möhre waschen, nach Belieben schälen und längs in feine Streifen schneiden. Zuckerschoten, Möhren und Frühlingszwiebeln etwa 2 Minuten in sprudelnd kochendem Wasser blanchieren. Kalt abschrecken, mit den Nudeln vermischen und warm stellen.

3. Knoblauch und Ingwer schälen und fein hacken. Das Öl in einer Pfanne erhitzen und Knoblauch und Ingwer darin kurz andünsten. Die Pilze putzen, in feine Scheiben schneiden, dazugeben und anbraten. Sesamsamen dazugeben. Mit Sojasauce ablöschen, kräftig mit Salz und Pfeffer abschmecken. Unter die Gemüse-Nudel-Mischung heben und das Gericht sofort servieren.

PRO PERSON CA. 412 KCAL,
15 g EW, 11 g F, 65 g KH
Basenwert: ★

TIPP: Um Gemüse wie Möhren schnell in sehr feine Streifen zu schneiden, hilft ein einfacher Sparschäler.

Leckere vegetarische Gerichte

Spargel mit Frankfurter Kräutersauce

Für 2 Personen | ca. 30 Minuten

500 g neue Kartoffeln | Salz | 1 kg weißer Spargel | 1 Scheibe unbehandelte Zitrone | Zucker | 1 TL Butter
Für die Sauce: 200 g Naturjoghurt | 100 g Crème légère | 2 EL Hüttenkäse | 2 Bund frische Kräuter (Dill, Schnittlauch, Petersilie Kresse, Kerbel, Estragon) | 1 hart gekochtes Ei | 1 Spritzer Zitronensaft | Kräutersalz | Pfeffer

1. Die Kartoffeln waschen und mit der Schale in Salzwasser in ca. 20 Minuten gar kochen. Abgießen und pellen.
2. Den Spargel schälen, die holzigen Enden abschneiden. Spargelstangen waschen.
3. Einen Topf mit Salzwasser zum Kochen bringen. Den Spargel mit der Zitronenscheibe, 1 Prise Zucker und der Butter ins Wasser geben und zugedeckt bei schwacher Hitze in 15 bis 20 Minuten gar ziehen lassen.
4. Joghurt, Crème légère und Hüttenkäse in eine Schüssel geben und verrühren. Kräuter waschen, trocknen und fein hacken. Das Ei pellen und würfeln. Kräuter und Ei unter die Sauce rühren und diese mit Salz und Pfeffer abschmecken. Den Spargel aus dem Topf heben und mit der Sauce servieren.

PRO PERSON CA. 415 KCAL,
25 g EW, 17 g F, 55 g KH
Basenwert: ★★

TIPP: Dazu passt ein gut gekühlter trockener Weißwein. Trockener Wein besitzt leicht basische Eigenschaften.

Knusprige Reibekuchen aus Kartoffeln und Äpfeln

Für 2 Personen | ca. 30 Minuten

2 mittelgroße Kartoffeln | 2 Äpfel | 2 Schalotten | 1 Ei | Salz | Pfeffer | Galgantpulver | 1–2 EL Sonnenblumenöl

1. Die Kartoffeln schälen, waschen und grob raspeln. Die Äpfel schälen, vierteln, vom Kernhaus befreien und ebenfalls grob raspeln. Die Schalotten abziehen und fein hacken. Kartoffeln, Äpfel und Schalotten vermischen.
2. Das Ei dazugeben, gut verrühren und mit Salz und Pfeffer kräftig würzen. 1 Prise Galgantpulver dazugeben.
3. Das Öl in einer beschichteten Pfanne erhitzen. Aus der Masse kleine Reibekuchen formen und in die Pfanne geben. Von beiden Seiten je 5 bis 6 Minuten goldgelb braten.

PRO PERSON CA. 269 KCAL,
7 g EW, 9 g F, 37 g KH
Basenwert: ★★

TIPP: Dazu den Feldsalat mit Radicchio und Austernpilzen von Seite 65 servieren.

PASTA MIT WÜRZIGER TOMATENSAUCE

Leckere vegetarische Gerichte

Rucola-Mandel-Pesto

Für 2 Personen | ca. 15 Minuten

1 Bund Rucola | 1 Knoblauchzehe | 2 EL Mandeln | 8 EL Olivenöl | 2 EL frisch geriebener Pecorino (nach Belieben) | Meersalz | Pfeffer

1. Den Rucola waschen, putzen und trocknen. Grobe Stiele entfernen. Den Knoblauch abziehen. Rucola und Knoblauch hacken.
2. Rucola, Knoblauch und die Mandeln in den Mixer geben und zu einer Paste zerkleinern. Das Olivenöl nach und nach dazugeben.
3. Nach Belieben den geriebenen Käse unter das Pesto mischen. (Wer auf Nummer »basisch« gehen will, lässt ihn weg.) Pesto mit Salz und Pfeffer kräftig abschmecken.

PRO PERSON CA. 437 KCAL, 6 g EW, 45 g F, 5 g KH
Basenwert: ★ (Rezept ohne Käse)

TIPP: Wenn Pesto übrig bleibt, in ein verschließbares Glas füllen und mit Olivenöl bedecken. So hält sich Pesto mehrere Tage im Kühlschrank.

INFO: Das Pesto ist sehr vielseitig, es passt zu bissfest gekochten Spaghetti, die man am besten in eine vorgewärmte Schüssel gibt, mit dem Pesto vermischt und sofort serviert. Es schmeckt auch als Brotaufstrich oder als Grundlage für Salatdressings.

Pasta mit würziger Tomatensauce

Für 2 Personen | ca. 20 Minuten

150 g Spaghetti (ohne Ei) | 3 reife Fleischtomaten | 3 Frühlingszwiebeln | 1 Knoblauchzehe | 2 TL Olivenöl | 5 grüne Oliven | 1 Lorbeerblatt | 1/2 Chilischote | 1 EL trockener Rotwein | Meersalz | Pfeffer | 1 Stängel Basilikum

1. Die Spaghetti nach Packungsanweisung bissfest kochen und warm halten. Tomaten überbrühen, häuten, entkernen und grob zerschneiden. Frühlingszwiebeln putzen, waschen und in feine Ringe schneiden. Knoblauch abziehen und fein hacken.
2. Das Öl erhitzen. Frühlingszwiebeln und Knoblauch kurz darin andünsten, Tomaten zufügen und kurz aufkochen. Oliven dazugeben.
3. Das Lorbeerblatt, die Chilischote und den Rotwein dazugeben und die Sauce zugedeckt bei schwacher Hitze 15 Minuten leise kochen lassen. Mit Salz und Pfeffer abschmecken. Lorbeerblatt und Chilischote herausfischen. Den Basilikum waschen, trocknen und unter die Sauce mischen. Die Tomatensauce über die Nudeln geben.

PRO PERSON CA. 357 KCAL, 12 g EW, 17 g F, 62 g KH
Basenwert: ★ (in Kombination mit Salat)

TIPP: Hartweizennudeln ohne Ei sind für den Säure-Basen-Haushalt besser als Eiernudeln.

Kartoffelrösti mit Käsecreme

Für 4 Personen | ca. 20 Minuten

Für die Rösti: 1 kg Kartoffeln | 1 Zwiebel | Meersalz | Pfeffer | 1 TL gemahlener Kümmel | frisch geriebene Muskatnuss | 3 EL Sonnenblumenöl
Für die Käsecreme: 1 Bund gemischte Kräuter (z. B. Dill, Petersilie) | 1 EL gehackte Haselnüsse | 200 g Hüttenkäse | Salz | weißer Pfeffer

1. Für die Rösti die Kartoffeln schälen, waschen und fein raspeln. Die Zwiebel abziehen, fein hacken und unter die Kartoffelraspel rühren. Mit Salz, Pfeffer, Kümmel und 1 Prise Muskatnuss würzen.
2. Das Öl in einer beschichteten Pfanne erhitzen. Die Kartoffelmasse esslöffelweise in die Pfanne geben und glatt streichen (die Menge ergibt etwa 8 Rösti).
3. Die Rösti bei mittlerer Hitze von jeder Seite etwa 5 Minuten goldbraun braten. Fertige Rösti auf einen Teller legen und warm halten.
4. Für die Käsecreme die Kräuter waschen, trocknen und sehr fein hacken. Kräuter und Nüsse unter den Hüttenkäse mischen, mit Salz und Pfeffer abschmecken. Die Rösti mit der Hüttenkäsecreme servieren. Dazu passt ein Tomatensalat.

**PRO PERSON CA. 306 KCAL,
12 g EW, 11 g F, 39 g KH
Basenwert: ★**

TIPPS: Die Rösti schmecken auch mit gedünsteten Champignons, mit Räucherlachs oder mit Kräutern bestreut.

Blätterteig-Quiche mit Brokkoli und Camembert

Für 6 Personen | ca. 1 Stunde

1 Packung runder Blätterteig (aus dem Kühlregal) | 600 g Brokkoli | 1 EL Öl | 150 g Camembert | 200 g Sahne | 2 frische Eier | Meersalz | Pfeffer | frisch geriebene Muskatnuss

1. Den Blätterteig in einer Springform auslegen. Den Backofen auf 180 °C vorheizen.
2. Brokkoli putzen, waschen und in kleine Röschen teilen. In einem Topf das Öl erhitzen, den Brokkoli hineingeben, 3 EL Wasser angießen und den Brokkoli 2 bis 3 Minuten bei mittlerer Hitze dünsten. In ein Sieb abgießen, abtropfen lassen und auf dem Teig verteilen.
3. Den Camembert in dünne Scheiben schneiden und dekorativ auf den Brokkoli legen.
4. Die Sahne mit den Eiern vermischen, kräftig salzen und pfeffern und mit Muskatnuss würzen. Eiersahne über Brokkoli und Käse gießen und die Quiche auf der mittleren Schiene etwa 45 Minuten goldgelb backen.

**PRO PERSON CA. 483 KCAL,
21 g EW, 46 g F, 27 g KH
Basenwert: ★ (in Kombination mit Salat)**

VARIATIONEN: Sie können auch andere Gemüsesorten verwenden. Probieren Sie die Quiche doch einmal mit Mangold, Blumenkohl oder Blattspinat mit Schafkäse.

TIPP: Dazu schmeckt ein gemischter Salat.

Leckere vegetarische Gerichte

Bunte Gemüsepfanne mit Tofu und Champignons

Für 1 Person | ca. 35 Minuten

2 Kartoffeln | 1 Möhre | 1/2 kleiner Zucchino | 1 Stück Lauch | 1/4 rote Paprikaschote | 1 TL Maiskeimöl | 100 g Tofu | Meersalz | Pfeffer | 2 Stängel Petersilie | 1/4 Bund Schnittlauch | 1 TL Zitronensaft | 1 Handvoll Champignons | 1 TL Butter

1. Die Kartoffeln waschen und in der Schale in etwa 20 Minuten gar kochen. Möhre, Zucchino, Lauch und Paprikaschote waschen, putzen und in sehr feine Streifen schneiden. Öl in einer kleinen Pfanne erhitzen und die Gemüsestreifen darin kurz andünsten.
2. Tofu in kleine Würfel schneiden und in einer anderen Pfanne 3 Minuten unter ständigem Rühren rundherum bräunen. Gemüsestreifen und Tofuwürfel mischen und mit Salz und Pfeffer würzen.
3. Petersilie und Schnittlauch waschen, trocknen und hacken. Den Zitronensaft und die Kräuter zu dem Gemüse geben und alles mit Salz und Pfeffer abschmecken.
4. Gekochte Kartoffeln in Scheiben schneiden, das Gemüse darüber verteilen und warm stellen. Champignons putzen, trocken abreiben und in Scheiben schneiden, Butter erhitzen und Champignons darin kurz andünsten. Champignons mit der Tofu-Gemüse-Mischung anrichten.

**PRO PERSON CA. 383 KCAL,
20 g EW, 15 g F, 41 g KH
Basenwert: ★★★**

Bärlauch-Kartoffel-Gnocchi

Für 2 Personen | ca. 45 Minuten

500 g Kartoffeln | 1 Bund Bärlauch | 150 g Mehl | 1 Ei | Meersalz | Pfeffer

1. Kartoffeln waschen und mit der Schale etwa 20 Minuten garen. Abschrecken und etwas abkühlen lassen. Kartoffeln pellen und durch die Kartoffelpresse in eine große Schüssel drücken.
2. Den Bärlauch waschen, trocknen und in sehr feine Streifen schneiden. Mit dem Mehl, dem Ei, 1 Prise Salz und Pfeffer zu den Kartoffeln geben. Alle Zutaten mit den Händen zu einem glatten Teig verarbeiten. Teig etwa 15 Minuten ruhen lassen.
3. In einem großen Topf reichlich Salzwasser zum Kochen bringen. Den Kartoffelteig zu Rollen formen und davon etwa 2 cm lange Stücke abschneiden. Mit einer Gabel die Teigstückchen eindrücken, damit sie die typischen Gnocchi-Rillen bekommen. Gnocchi im leicht kochenden Wasser etwa 3 Minuten ziehen lassen. Sobald sie fertig sind, kommen sie an die Oberfläche. Bärlauch-Gnocchi mit einer Schaumkelle aus dem Wasser heben und sofort mit einer Tomatensauce servieren.

**PRO PERSON CA. 468 KCAL,
17 g EW, 4 g F, 91 g KH
Basenwert: ★ (kombinieren mit basischer Sauce)**

TIPP: Mit der Gemüsesauce mit Frischkäse von Seite 76 und einem gemischten Salat servieren.

Schlemmer-Burger mit pikanter Gemüsesauce

Für 4 Personen | ca. 20 Minuten

200 g Tofu | 200 g vorgegarte Maronen | 3 Stängel glatte Petersilie | 1 Ei | 3 EL Mais (aus der Dose) | 1 EL Sojamehl | 1–2 TL Sojasauce | Meersalz | Pfeffer | Paprikapulver | 1 Spritzer frischer Zitronensaft | 2 EL Olivenöl

1. Den Tofu fein zerkrümeln und die Maronen in sehr feine Stückchen schneiden. Die Petersilie waschen, trocknen und fein hacken. Tofu, Maronen, Petersilie und das Ei in eine Schüssel geben und gut vermischen. Den Mais dazugeben. Bei Bedarf die Masse mit etwas Sojamehl binden.
2. Die Mischung mit Sojasauce, Salz, Pfeffer, Paprika und Zitronensaft abschmecken.
3. Aus der Masse kleine Burger formen. Das Öl in einer großen Pfanne erhitzen und portionsweise die Burger darin von beiden Seiten je 4 bis 5 Minuten braten.

PRO PERSON CA. 241 KCAL, 10 g EW, 11 g F, 27 g KH
Basenwert: ★★

TIPP: Perfekt dazu: ein frischer Salat der Saison, lecker gebratene Pilze oder Tomaten.

INFO: Weil Eier andere Zutaten binden und Gerichte locker machen, sind sie Bestandteil zahlreicher Rezepte. Eier wirken im Stoffwechsel jedoch säuernd und können zudem ungünstig für die Cholesterinwerte sein. Wer keine Eier verwenden möchte, nimmt als Ersatz für ein Ei einfach 1 EL Sojamehl und verrührt es mit 1 bis 2 TL Wasser.

Gemüse-Linguine mit Spinatsauce

Für 2 Personen | ca. 30 Minuten

200 g Linguine | Salz | 2 Stangen Staudensellerie | 1/2 Zucchino | 100 g Blattspinat | 2 Tomaten | 1 Zwiebel | 1 EL Olivenöl | 100 ml Gemüsebrühe | Zucker | Pfeffer

1. Die Linguine in kochendem Salzwasser nach Packungsanleitung bissfest kochen. In ein Sieb abgießen, abtropfen lassen und warm halten.
2. Den Sellerie waschen, putzen und fein würfeln. Den Zucchino waschen, putzen und klein schneiden. Den Spinat verlesen, gründlich waschen, abtropfen lassen und fein hacken. Die Tomaten halbieren, vom Stielansatz befreien, entkernen und klein schneiden. Die Zwiebel abziehen und fein hacken.
3. Das Öl in einem Topf erhitzen. Zwiebel, Sellerie und Zucchino dazugeben und bei mittlerer Hitze 2 bis 3 Minuten andünsten.
4. Tomaten, Spinat, die Brühe und 1 Prise Zucker dazugeben und die Sauce mit Salz und Pfeffer abschmecken. Die Sauce bei schwacher Hitze ca. 10 Minuten sanft kochen lassen, nochmals abschmecken und mit den Nudeln servieren.

PRO PERSON CA. 463 KCAL, 17 g EW, 7 g F, 83 g KH
Basenwert: ★★

Leckere vegetarische Gerichte

Würzige Kartoffelküchlein mit Pflaumen

Für 6 Stück | ca. 45 Minuten

750 g Kartoffeln | 2 Frühlingszwiebeln | 150 g getrocknete Pflaumen | 100 g frische Sahne | 2 frische Eier | Meersalz | Pfeffer | frisch geriebene Muskatnuss | Fett für die Form

1. Die Kartoffeln schälen, waschen und grob reiben. Die geriebenen Kartoffeln durch ein Tuch drücken, um überschüssige Flüssigkeit auszupressen.
2. Die Frühlingszwiebeln putzen, waschen und den weißen und hellgrünen Teil in sehr feine Ringe schneiden. Die getrockneten Pflaumen in kleine Stückchen schneiden. Kartoffelmus, Frühlingszwiebeln und Pflaumen in einer Schüssel vermischen.
3. Den Backofen auf 180 °C vorheizen. Sahne und Eier verquirlen. Mit Salz, Pfeffer und Muskatnuss würzig abschmecken. Zu den übrigen Zutaten in die Schüssel geben und alles gut vermischen.
4. Die Muffinform einfetten. Das Kartoffel-Pflaumen-Gemisch in die Vertiefungen der Muffinform füllen und in ca. 30 Minuten goldgelb backen. Die Kartoffelmuffins kurz abkühlen lassen, aus der Form lösen und mit dem Fenchelgemüse (Rezept siehe rechts) servieren.

PRO STÜCK CA. 334 KCAL,
9 g EW, 7 g F, 46 g KH
Basenwert: ★★

Fenchelgemüse mit Möhren und Petersilie

Für 2 Personen | ca. 15 Minuten

2 Fenchelknollen | 1 Bund junge Möhren | 2 Zwiebeln | 2 EL Sonnenblumenöl | 1/2 Bund Petersilie | Meersalz | Pfeffer

1. Die Fenchelknollen waschen und putzen. Die äußeren Blätter entfernen oder braune Stellen herausschneiden. Fenchel längs halbieren und dann in schmale Streifen schneiden. Die Möhren putzen, waschen, nach Belieben schälen und in dünne Scheiben schneiden.
2. Die Zwiebeln abziehen und fein würfeln. Das Öl in einem Topf erhitzen und die Zwiebeln darin glasig dünsten. Fenchel- und Möhrenstücke dazugeben und bei mittlerer Hitze 5 Minuten dünsten.
3. Die Petersilie waschen, trocknen und fein schneiden oder hacken. Zu dem Gemüse geben, das Gericht mit Salz und Pfeffer abschmecken und sofort servieren.

PRO PERSON CA. 203 KCAL,
8 g EW, 11 g F, 20 g KH
Basenwert: ★★★

TIPP: Dazu passen die leckeren Bircher-Kartoffeln von Seite 80.

INFO: Für einen verstärkten Basenfaktor und noch aromatischeren Geschmack: Nehmen Sie vor dem Kochen etwa ein Fünftel des Gemüses beiseite und schneiden Sie es fein oder raspeln Sie es. Das restliche Gemüse dünsten und kurz vor dem Anrichten das rohe Gemüse dazugeben.

BUNTE GEMÜSESPIESSE MIT KRÄUTERSAHNE

Leckere vegetarische Gerichte

Bunte Gemüsespieße mit Kräutersahne

Für 4 Personen | ca. 30 Minuten

1/4 Blumenkohl | 1 Zwiebel | Salz | 8 Champignons | 1 Zucchino | 1 kleine Aubergine | 2 EL Olivenöl | Pfeffer | Paprikapulver | 1 EL Majoran | 1/2 Bund gemischte Kräuter | 200 g saure Sahne | Kräutersalz | Holzspieße

1. Den Blumenkohl putzen, waschen und in kleine Röschen teilen. Die Zwiebel abziehen und achteln. Blumenkohlröschen und Zwiebelachtel in sprudelnd kochendem Salzwasser 3 bis 4 Minuten blanchieren, in ein Sieb gießen und abtropfen lassen.
2. Die Pilze putzen und trocken abreiben. Zucchino und Aubergine putzen, waschen und in mundgerechte Stücke schneiden.
3. Das Öl in einer Pfanne erhitzen. Die Pilze, Zucchini und Auberginen kurz darin anbraten und wieder herausnehmen. Salz, Pfeffer, Paprika und Majoran in das Öl geben.
4. Backofengrill anschalten. Die verschiedenen Gemüse abwechselnd auf Spieße stecken, mit dem Würzöl bestreichen und unter dem Backofengrill 8 bis 10 Minuten grillen, dabei einmal wenden.
5. Die Kräuter waschen, trocknen, fein hacken und unter die saure Sahne mischen. Mit Kräutersalz abschmecken. Kräutersahne mit den gegrillten Spießen und Sauerteigbrot servieren.

**PRO PERSON CA. 137 KCAL,
51 g EW, 10 g F, 6 g KH
Basenwert: ★★**

Folienkartoffeln mit Kräutercreme

Für 2 Personen | ca. 15 Minuten

2 große Kartoffeln | Öl für die Folie | 200 g saure Sahne | Meersalz | Pfeffer | Paprikapulver | 1 Bund frische Kräuter (z. B. Petersilie, Kerbel, Schnittlauch)

1. Den Backofen auf 200 °C vorheizen. Die Kartoffeln waschen, abtrocknen, mehrmals einstechen und in leicht geölte Alufolie einwickeln. Auf ein Backblech oder in eine ofenfeste Form legen und auf der mittleren Schiene ca. 50 Minuten backen.
2. Die saure Sahne glatt rühren und mit Salz, Pfeffer und Paprika würzen. Kräuter waschen, trocknen, fein hacken und etwa drei Viertel der Kräuter unter die Sahne mischen.
3. Gegarte Kartoffeln auswickeln, auf zwei Teller geben und kreuzweise einschneiden. Mit der Kräutercreme füllen und mit den übrigen Kräutern bestreuen. Mit einem Salat ein wunderbar leichtes Essen.

**PRO PERSON CA. 245 KCAL,
6 g EW, 6 g F, 26 g KH
Basenwert: ★★**

INFO: Kartoffeln können vom Körper sehr gut verstoffwechselt werden. Wertvoll ist ihr hoher Kaliumgehalt. Sie lassen sich in unzähligen Variationen zubereiten, so wird es nie langweilig. Kartoffeln aus biologischem Anbau sollten Sie vor dem Kochen gründlich abbürsten und dann mit Schale essen.

Köstliche Gerichte
mit Fisch

Schwertfisch vom Grill

Für 2 Personen | ca. 20 Minuten

2 Scheiben Schwertfisch (à 150 g) | 1 Knoblauchzehe | 1 EL Olivenöl | 2 TL Zitronensaft | Salz | Pfeffer

1. Die Schwertfischscheiben abwaschen, mit Küchenpapier trocken tupfen und nebeneinander auf einen großen Teller legen.
2. Den Knoblauch abziehen und grob hacken. Mit Öl und Zitronensaft vermischen und über den Fisch träufeln. Etwa 30 Minuten im Kühlschrank zugedeckt marinieren lassen.
3. Den Knoblauch entfernen. Die Fischscheiben leicht salzen und pfeffern.
4. Auf dem Grill von jeder Seite etwa 5 bis 6 Minuten garen (oder in der Pfanne von jeder Seite 4 bis 5 Minuten braten).

PRO PERSON CA. 176 KCAL, 25 g **EW**, 8 g **F**, 1 g **KH**
Basenwert: ★ (in Kombination mit Salat oder Gemüse)

TIPP: Lecker schmeckt dazu Blattsalat.

Fischcurry mit buntem Gemüse und Kokos

Für 2 Personen | ca. 30 Minuten

250 g Viktoriabarsch-Filet | 1 EL Limettensaft | 100 g Zuckerschoten | 1 rote und 1 gelbe Paprikaschote | 4 Frühlingszwiebeln | 1/2 Chilischote | 2 EL Erdnussöl | 200 ml Kokosmilch | 1/2 Bund Thai-Basilikum | 1 TL rote Thai-Currypaste | Salz | Pfeffer

1. Fisch abspülen, trocken tupfen, in Stücke schneiden und mit Limettensaft beträufeln. Gemüse waschen, putzen und kleinschneiden.
2. Öl im Wok erhitzen und die Fischwürfel etwa 3 Minuten anbraten. Herausnehmen und warm stellen. Gemüse im Wok anbraten. Currypaste in die Kokosmilch rühren und zum Gemüse gießen. Etwa in 5 Minuten bissfest kochen. Mit Salz und Pfeffer abschmecken.
3. Basilikum waschen und hacken. Fisch vorsichtig unter das Gemüse mischen und das Curry mit dem Basilikum bestreuen.

PRO PERSON CA. 409 KCAL, 38 g **EW**, 15 g **F**, 28 g **KH**
Basenwert: ★

Köstliche Gerichte mit Fisch

Seeteufelmedaillons auf milder Mandelsauce ...

Für 2 Personen | ca. 20 Minuten

4 Seeteufelmedaillons (à 80 g) | Salz | Pfeffer | 2 TL Olivenöl | 1 TL Butter | 1 Knoblauchzehe | 1/2 Chilischote | 1 Thymianzweig | 2 EL gehackte Mandeln | 2–3 EL Weißwein | 2 EL Crème légère | 1/2 TL Gemüsebrühe

1. Die Fischmedaillons vorsichtig waschen, trocken tupfen und auf beiden Seiten mit Salz und Pfeffer würzen.
2. Das Olivenöl mit der Butter in einer Pfanne erhitzen und die Fischmedaillons darin bei mittlerer Hitze auf jeder Seite 3 bis 4 Minuten goldgelb braten. Herausnehmen und warm stellen.
3. Den Knoblauch abziehen, die Chilischote entkernen. Den Thymianzweig waschen und trocknen. Knoblauch, Chilischote und Thymianzweig fein hacken und in der noch heißen Pfanne kurz andünsten.
4. In einer zweiten Pfanne die Mandeln ohne Fett anrösten, beiseite stellen. Weißwein, Gemüsebrühe, Mandeln und Crème légère zu Knoblauch, Chili und Thymian geben und alles verrühren. Einmal kurz aufkochen lassen und würzig abschmecken. Den Fisch auf zwei Teller verteilen und mit der Sauce begießen.

PRO PERSON CA. 196 KCAL,
24 g **EW**, 15 g **F**, 2 g **KH**
Basenwert: ★ (in Kombination mit grünem Salat)

... mit luftig-leichtem Kartoffel-Kefir-Püree

Für 2 Personen | ca. 30 Minuten

500 g mehlig kochende Kartoffeln | 1 kleine Zwiebel | Salz | 125 g Kefir | 3 TL Sahne | 1 TL Butter | Pfeffer | Muskatnuss

1. Die Kartoffeln schälen und waschen. Die Zwiebel abziehen. Kartoffeln und Zwiebel in Salzwasser etwa 20 Minuten gar kochen.
2. Den Kefir mit der Sahne in einem Topf vermischen und erwärmen. Die Kartoffeln und Zwiebel abgießen, in eine Schüssel geben und mit dem Kartoffelstampfer zerstampfen oder durch die Kartoffelpresse drücken. Die Butter unter das Püree mischen.
3. Das Kefir-Sahne-Gemisch nach und nach unter die Kartoffeln rühren. Das Püree mit Salz, Pfeffer und Muskatnuss abschmecken.

PRO PERSON CA. 262 KCAL,
8 g **EW**, 5 g **F**, 41 g **KH**
Basenwert: ★★

TIPP: Das Püree schmeckt ganz raffiniert, wenn Sie gekochten Fenchel oder Tiefkühlerbsen pürieren und untermischen.

Rotbarben vom Blech mit Gemüse

Für 4 Personen | ca. 30 Minuten

8 kleine Rotbarbenfilets | 4 EL Zitronensaft | Meersalz | Pfeffer | 5 EL Olivenöl | 1 gelbe Paprikaschote | 1 Zucchino | 2 Knoblauchzehen | 4 gekochte Kartoffeln | 8 Kirschtomaten | 1 Handvoll schwarze Oliven (ohne Stein)

1. Fischfilets waschen und trocken tupfen. Mit Zitronensaft beträufeln, salzen und pfeffern. Ein Backblech mit 1 EL Öl einölen und die Fischfilets mit der Hautseite auf das Blech legen.
2. Paprikaschote und Zucchino putzen und waschen. Die Paprika halbieren, von Trennwänden und Kernen befreien und in Streifen schneiden. Zucchino in Scheiben schneiden. Den Knoblauch abziehen und hacken.
3. Den Backofen auf 200 °C vorheizen. Die Kartoffeln pellen und vierteln. Mit 4 EL Olivenöl, dem Gemüse und dem Knoblauch in einer Schüssel vermischen. Kräftig mit Salz und Pfeffer abschmecken. Um den Fisch herum auf dem Blech verteilen.
4. Im Ofen auf der mittleren Schiene etwa 20 Minuten garen. Die Tomaten waschen. Nach etwa 15 Minuten Garzeit Tomaten und Oliven auf das Blech legen. Fisch mit dem Gemüse auf vier Tellern anrichten.

PRO PERSON CA. 369 KCAL, 37 g EW, 14 g F, 12 g KH Basenwert: ★

TIPP: Ideal, wenn Sie Gäste haben: Fisch, Kartoffeln und Gemüse garen im Backofen und Sie haben Zeit für die Zubereitung der Nachspeise.

Bandnudeln mit Zander und Pfifferlingen

Für 2 Personen | ca. 30 Minuten

100 g Bandnudeln | Salz | 150 g Zanderfilet | 2 EL Zitronensaft | 2 Handvoll Pfifferlinge | 3 Frühlingszwiebeln | 1 TL Olivenöl | 2–3 EL Gemüsebrühe | 2 EL Crème fraîche | Pfeffer | 1–2 Stängel Dill

1. Die Bandnudeln in Salzwasser nach Packungsanleitung bissfest kochen, in ein Sieb abgießen und abtropfen lassen.
2. Zanderfilet waschen, trocken tupfen und würfeln. Mit Zitronensaft beträufeln. Die Pfifferlinge putzen, trocken abreiben und in dünne Scheiben schneiden. Frühlingszwiebeln waschen und in feine Ringe schneiden.
3. Das Öl in einer Pfanne erhitzen, Frühlingszwiebeln und Pilze darin anbraten, Zander zugeben, salzen und pfeffern. Etwa 5 Minuten bei mittlerer Hitze garen lassen. Die Gemüsebrühe und die Crème fraîche zugeben und einmal aufkochen lassen.
4. Die Mischung mit Salz und Pfeffer abschmecken. Dill waschen, trocknen und klein schneiden. Die Nudeln unter die Sauce heben, sofort auf zwei Teller verteilen und mit Dill bestreut servieren.

PRO PERSON CA. 318 KCAL, 23 g EW, 14 g F, 37 g KH Basenwert: ★ (in Kombination mit Salat)

Köstliche Gerichte mit Fisch

Gedünstetes Heilbuttfilet auf Brokkoli

Für 2 Personen | ca. 30 Minuten

250 g Heilbuttfilet | Salz | Pfeffer | 3 TL Butter | 2 EL trockener Weißwein | 400 g Brokkoli | 150 ml Gemüsebrühe | 2 EL Mandelblättchen | frisch geriebene Muskatnuss

1. Den Fisch vorsichtig abspülen, trocken tupfen, salzen und pfeffern.
2. In einer beschichteten Pfanne 2 TL Butter erhitzen und den Fisch bei mittlerer Hitze von beiden Seiten kurz anbraten. Den Weißwein dazugeben, Deckel auflegen und den Fisch bei schwacher Hitze ca. 4 Minuten dünsten, bis er gar ist. Fisch aus der Pfanne heben und warm stellen.
3. Den Brokkoli putzen, waschen und in Röschen teilen. Die Gemüsebrühe in einem Topf aufkochen, Brokkoli hineingeben und in 5 bis 6 Minuten bissfest garen. In ein Sieb abgießen. 1 TL Butter schmelzen und die Mandelblättchen darin goldbraun anbraten.
4. Den Fisch auf zwei Teller verteilen, den Brokkoli daneben anrichten und mit den Mandelblättchen bestreuen.

PRO PERSON CA. 278 KCAL, 17 g **EW**, 5 g **F**, 3 g **KH**
Basenwert: ★

Carpaccio vom Edelfisch

Für 4 Personen | ca. 30 Minuten

2 dünne Filets vom St. Petersfisch | 2 EL Limettensaft | Meersalz | Pfeffer | 4 feine Scheiben Wildlachs | 1/2 Bund Dill | 2 Fenchelknollen | 1 EL Olivenöl | einige Limettenschnitze | rosa Pfeffer

1. Die Filets vom St. Petersfisch abspülen, trocken tupfen und mit dem Limettensaft beträufeln. Salzen und pfeffern. Vorsichtig ein bisschen flach klopfen und mit den Lachsscheiben belegen. Den Dill waschen, trocknen, fein hacken und darüberstreuen.
2. Fischfilets aufrollen, in Folie wickeln und im Tiefkühlfach etwa 20 Minuten kühlen.
3. Inzwischen die Fenchelknollen putzen, waschen und quer in hauchdünne Scheibchen schneiden.
4. Die Röllchen aus der Folie packen und mit einem sehr scharfen Messer in papierdünne Scheiben schneiden. Auf vier Tellern abwechselnd mit den Fenchelscheibchen anrichten. Mit Olivenöl beträufeln und mit etwas Salz, den Limettenschnitzen und rosa Pfeffer würzen. Sofort servieren. Dazu passt ein gemischter Salat und ein trockener Weißwein.

PRO PERSON CA. 138 KCAL, 17 g **EW**, 5 g **F**, 3 g **KH**
Basenwert: ★ (in Kombination mit Salat und Basendrink)

INFO: Für das Carpaccio muss der Fisch absolut frisch sein, da er roh gegessen wird. Kaufen Sie den Fisch bei einem guten Fischhändler, dem Sie vertrauen!

GEBRATENER LOUP DE MER MIT JUNGEN KARTOFFELN

Gedämpfter Kabeljau mit Tomaten-Paprika-Reis

Für 2 Personen | ca. 30 Minuten

2 Schalotten | 4 TL Sonnenblumenöl | 100 g Naturreis | 250 ml Gemüsebrühe | 1 Lorbeerblatt | 4 Tomaten | 2 grüne Paprikaschoten | 300 g Kabeljaufilet | 3 Stängel Petersilie | Salz | weißer Pfeffer | 4 TL saure Sahne

1. Die Schalotten abziehen und klein schneiden. Das Öl in einer großen Pfanne erhitzen und die Schalotten darin kurz andünsten. Den Reis dazugeben und unter Rühren glasig dünsten. Die Gemüsebrühe dazugießen und das Lorbeerblatt dazugeben. Reis und Brühe gut vermischen und bei schwacher Hitze ca. 20 Minuten leise kochen lassen.
2. Inzwischen die Tomaten und die Paprikaschoten waschen. Tomaten vierteln, vom Stielansatz befreien und würfeln. Die Paprikaschoten halbieren, von Kernen und Trennwänden befreien und in kleine Stücke schneiden. Das Kabeljaufilet klein schneiden. Tomaten, Paprikaschoten und Fischstücke nach ca. 10 Minuten zum Reis geben. Bei schwacher Hitze garen, bei Bedarf noch etwas Wasser oder Brühe dazugießen.
3. Die Petersilie waschen, trocknen und klein schneiden. Den Reis mit Salz und weißem Pfeffer abschmecken und erst ganz zum Schluss die saure Sahne dazugeben. Das Gericht auf zwei Teller verteilen und mit der Petersilie bestreut servieren.

PRO PERSON CA. 479 KCAL,
35 g **EW**, 13 g **F**, 53 g **KH**
Basenwert: ★ (in Kombination mit Salat)

Gebratener Loup de mer mit jungen Kartoffeln

Für 2 Personen | ca. 25 Minuten

4 kleine junge Kartoffeln | 2 Filets vom Loup de mer | 1 TL Mehl | 1–2 EL Butter | Meersalz | Pfeffer | 2 Stängel glatte Petersilie | 2 EL Kapern | 1–2 EL Zitronensaft

1. Die Kartoffeln waschen und in der Schale etwa 20 Minuten gar kochen.
2. Inzwischen die Fischfilets waschen und abtupfen. Auf beiden Seiten mit etwas Mehl bestäuben. Die Butter in einer beschichteten Pfanne erhitzen.
3. Fischfilets auf beiden Seiten jeweils 3 Minuten braten, salzen und pfeffern.
4. Die Petersilie waschen, trocknen und klein schneiden. Petersilie, Kapern und Zitronensaft zum Fisch in die Pfanne geben und kurz erhitzen. Die Kartoffeln abgießen, auf zwei Teller geben und den Fisch daneben anrichten. Sofort servieren.

PRO PERSON CA. 339 KCAL,
31 g **EW**, 9 g **F**, 32 g **KH**
Basenwert: ★ (in Kombination mit Salat)

INFO: Loup de mer, auch als Wolfs- oder Seebarsch bekannt, hat sehr feines, weißes Fleisch. Er gehört zu den hochpreisigen Fischsorten. Dieses Rezept ist ein ideales Gästeessen.

Rezepte

Fischfilet im Gemüsepäckchen

Für 4 Personen | ca. 30 Minuten

2 kleine Fenchelknollen | 2 kleine Kohlrabi | 2 Frühlingszwiebeln | 8 Kirschtomaten | 4 EL Sonnenblumenöl | 1 EL trockener Weißwein | 2 EL Sojasauce | Meersalz | Pfeffer | 4 Seelachsfilets (à 125 g) | einige Spritzer Zitronensaft

1. Den Fenchel waschen, putzen und klein schneiden. Den Kohlrabi schälen und klein schneiden. Beides kurz blanchieren, kalt abschrecken und abtropfen lassen.
2. Die Frühlingszwiebeln waschen, putzen, erst längs, dann quer durchschneiden. Die Tomaten waschen und kreuzweise einschneiden. Gemüse in eine Schüssel geben.
3. Öl, Wein, Sojasauce, Salz und Pfeffer zu einer Marinade verrühren und über das Gemüse gießen. Gemüse ca. 30 Minuten marinieren lassen.
4. Den Backofen auf 180 °C vorheizen. Aus Alufolie vier Stücke von etwa 25 x 25 cm Größe schneiden. Drei Viertel des abgetropften Gemüses auf die vier Stücke Alufolie verteilen. Die Fischfilets abspülen, trocken tupfen, salzen und pfeffern und auf das Gemüse legen. Zitronensaft darüberträufeln und mit dem restlichen Gemüse bedecken.
5. Die vier Päckchen gut verschließen und auf ein Backblech legen. Fisch-Gemüse-Päckchen im Ofen (Mitte) in ca. 15 Minuten garen.

PRO PERSON CA. 247 KCAL, 28 g EW, 12 g F, 13 g KH
Basenwert: ★★

Dim Sum – Lachs-Wirsing-Päckchen

Für 4 Personen | ca. 30 Minuten

4 schöne mittelgroße Wirsingblätter | 1 Bund Frühlingszwiebeln | 1/2 Bund Koriander | 1 unbehandelte Zitrone | Salz | Pfeffer | 400 g Wildlachsfilet

1. Die Wirsingblätter waschen und in kochendem Salzwasser etwa 2 Minuten blanchieren, kalt abschrecken und abtropfen lassen.
2. Frühlingszwiebeln putzen, waschen und in sehr feine Ringe schneiden. Koriander waschen, trocknen und fein hacken. Die Zitrone heiß abwaschen und 1 TL Schale abreiben. Den Saft auspressen.
3. Frühlingszwiebeln, Koriander und Zitronenschale vermischen. Mit Salz, Pfeffer und 1 Spritzer Zitronensaft kräftig abschmecken.
4. Das Lachsfilet abspülen und trocken tupfen. Mit einem scharfen Messer in vier gleich große Stücke teilen. Je ein Stück Lachs in die Mitte eines Wirsingblattes legen und die Zitronen-Kräuter-Mischung darübergeben. Wirsingblätter aufrollen und mit je zwei Holzspießen (oder Zahnstochern) zusammenstecken.
5. In einem Topf 3 bis 4 cm hoch Salzwasser erhitzen. Die Dim Sum entweder in einen Bambus-Dämpfkorb oder einen Dämpfeinsatz aus Metall setzen und diesen in den Topf stellen. Die Dim Sum zugedeckt bei mittlerer Hitze etwa 20 Minuten dämpfen. Dazu passen in Sesam gewälzte kleine Kartoffeln.

PRO PERSON CA. 215 KCAL, 21 g EW, 14 g F, 2 g KH
Basenwert: ★ (in Kombination mit Salat)

Köstliche Gerichte mit Fisch

Zanderfilet auf zartem Gemüsebett

Für 2 Personen | ca. 20 Minuten

250 g Zanderfilet | 1 EL Zitronensaft | Meersalz | Pfeffer | 4 junge Möhren | 2 zarte Stangen Staudensellerie mit Grün | 1 TL Honig | 2 EL Selleriekraut

1. Das Fischfilet kalt abspülen und trocken tupfen. Mit Zitronensaft beträufeln und mit Salz und Pfeffer würzen.
2. Die Möhren waschen, putzen und in Scheiben schneiden. Den Staudensellerie ebenfalls waschen und putzen, die Blättchen beiseitelegen. Staudensellerie klein schneiden. Möhren und Sellerie in einen Topf geben und knapp mit Wasser bedecken. Wasser zum Kochen bringen, dann die Hitze reduzieren.
3. Das Fischfilet auf das Gemüse legen und bei schwacher Hitze Fisch und Gemüse 10 bis 15 Minuten dünsten.
4. Den Fisch herausnehmen. Den Honig unter das Gemüse rühren. Mit Salz und Pfeffer abschmecken. Das Sellerigrün waschen, trocknen und fein schneiden. Den Fisch auf zwei angewärmte Teller geben, das Gemüse daneben anrichten und mit dem Sellerigrün bestreuen.

PRO PERSON CA. 149 KCAL,
26 g **EW**, 1 g **F**, 87 g **KH**
Basenwert: ★

Seezungenfilet mit Kohlrabi

Für 2 Personen | ca. 25 Minuten

250 g Seezungenfilet | 1–2 TL Zitronensaft | Salz | Pfeffer | 2 Stängel Estragon | 2 EL Butter | 1 Kohlrabi | 2 Kartoffeln | 2 EL Brunnenkresse | 125 ml Gemüsebrühe

1. Seezungenfilet abspülen, trocken tupfen, mit Zitronensaft beträufeln, salzen und pfeffern. Den Estragon waschen, trocknen und klein schneiden.
2. In einer beschichteten Pfanne 1 EL Butter erhitzen. Die Fischfilets darin bei mittlerer Hitze von jeder Seite ca. 4 Minuten braten. Den Estragon darüberstreuen und den Fisch warm stellen.
3. Den Kohlrabi schälen, halbieren und in feine Scheibchen schneiden. Die Kartoffeln schälen, waschen und zuerst in Scheiben und diese dann in Stifte schneiden. Brunnenkresse abbrausen.
4. 1 EL Butter erhitzen, die Kohlrabischeiben und Kartoffelstifte darin andünsten. Mit der Gemüsebrühe ablöschen. Die Gemüse ca. 10 Minuten garen, Brunnenkresse hinzugeben, mit Salz und Pfeffer abschmecken. Den Fisch auf zwei Teller geben, das Gemüse daneben anrichten.

PRO PERSON CA. 549 KCAL,
25 g **EW**, 10 g **F**, 19 g **KH**
Basenwert: ★ (in Kombination mit Kartoffeln)

Rezepte mit Fleisch
und Geflügel

Lammkoteletts mit jungen Kräuterkartoffeln ...

Für 2 Personen | ca. 25 Minuten

4 junge Kartoffeln | Salz | 2 Lammkoteletts | Pfeffer | 1 Knoblauchzehe | 2 EL Olivenöl | 1 Zucchino | 1 Handvoll Champignons | 1 EL Rosmarinnadeln | 1 EL Rotwein

1. Die Kartoffeln waschen und in der Schale in Salzwasser etwa 20 Minuten gar kochen.
2. Die Lammkoteletts waschen, trocknen, salzen und pfeffern. Den Knoblauch abziehen und fein hacken. 1 EL Öl in einer Pfanne erhitzen. Die Koteletts mit dem Knoblauch etwa 3 Minuten von beiden Seiten braten. Warm stellen.
3. Den Zucchino waschen, die Champignons putzen und trocken abreiben. Beides in Scheiben schneiden. Rosmarin hacken. 1 EL Öl erhitzen, Gemüse 2 bis 3 Minuten dünsten, Rosmarin unterheben, mit Rotwein ablöschen und zum Schluss abschmecken. Mit Kartoffeln und Lamm anrichten.

PRO PERSON CA. 755 KCAL, 29 g **EW**, 59 g **F**, 33 g **KH**
Basenwert: ★ (mit dem Kürbisgemüse)

... und süßsaurem Kürbisgemüse

Für 2 Personen | ca. 10 Minuten

400 g Kürbis | 1 Knoblauchzehe | 1 EL Olivenöl | 1/2 TL Honig | 1 EL Apfelessig | Salz | Pfeffer | Cayennepfeffer | 1 Stängel Basilikum

1. Den Kürbis schälen, Kerne mit einem Löffel entfernen. Kürbisfleisch in Scheiben schneiden. Den Knoblauch abziehen und hacken. In einer beschichteten Pfanne das Öl erhitzen, Kürbis und Knoblauch bei schwacher Hitze ca. 5 Minuten dünsten und wieder herausnehmen.
2. Den Honig in die Pfanne zu dem Bratfond geben. Mit Essig ablöschen, mit Salz, Pfeffer und 1 Prise Cayennepfeffer würzen.
3. Den Kürbis wieder dazugeben und unterrühren. Ein paar Minuten durchziehen lassen. Das Basilikum waschen, hacken und über das Gemüse streuen.

PRO PERSON CA. 96 KCAL, 2 g **EW**, 5 g **F**, 11 g **KH**
Basenwert: ★★★

Saté – Putenfleisch-Spießchen

Für 4 Personen | ca. 30 Minuten

3 kleine Putenschnitzel | 1 Knoblauchzehe | 1 walnussgroßes Stück Ingwer | 4 EL Sojasauce | 1/4 Baby-Ananas | 1 roter Apfel | 3 EL Erdnussöl | 4 Holz- oder Metallspieße

1. Die Putenschnitzel abspülen, trocken tupfen, in Streifen schneiden und in eine Schüssel geben.
2. Knoblauch und Ingwer schälen und fein hacken. Mit der Sojasauce zum Fleisch geben, gut vermischen. Das Fleisch darin etwa 20 Minuten marinieren.
3. Die Ananas schälen, dabei auch die braunen »Augen« entfernen. Ananas in Stücke schneiden. Den Apfel waschen, vierteln, vom Kernhaus befreien und ebenfalls in nicht zu kleine Stücke schneiden.
4. Marinierte Fleischstreifen abtropfen lassen und abwechselnd mit Ananas- und Apfelstücken auf Spieße stecken.
5. Das Öl in einer beschichteten Pfanne erhitzen. Spieße von jeder Seite ca. 4 Minuten braten.

PRO PERSON CA. 182 KCAL, 19 g EW, 9 g F, 20 g KH
Basenwert: ★ (in Kombination mit Salat)

TIPP: Dazu schmeckt ein bunter Salat der Saison mit Paprikaschoten, Möhren, Frühlingszwiebeln und frischen Sprossen.

Nudelauflauf mit Gemüse und Rinderschinken

Für 4 Personen | ca. 1 Stunde

300 g Makkaroni | Salz | 2 Knoblauchzehen | 4 EL Olivenöl | 200 g Champignons | 400 g Fleischtomaten | 1 Bund Frühlingszwiebeln | 1/2 Bund Petersilie | 100 g Rinderschinken | Paprikapulver | Pfeffer | 100 g Gouda | 150 g frische Sahne

1. Die Nudeln in Salzwasser bissfest kochen und kalt abschrecken. Den Knoblauch abziehen und hacken. 2 EL Öl erhitzen und den Knoblauch kurz anbraten.
2. Die Champignons putzen und in Scheiben schneiden. Die Tomaten waschen, vom Stielansatz befreien und würfeln. Die Frühlingszwiebeln putzen, waschen, in feine Ringe schneiden. Die Petersilie waschen, trocknen und hacken. Den Schinken in Streifen schneiden.
3. 2 EL Öl erhitzen, Champignons darin kurz anbraten, Tomaten, Frühlingszwiebeln, Petersilie und Schinken dazugeben. Mit Salz, Paprika und Pfeffer abschmecken.
4. Den Backofen auf 180 °C vorheizen. Eine ofenfeste Form fetten. Nudeln und Schinkenmischung abwechselnd einfüllen. Den Käse reiben, mit der Sahne mischen, pfeffern und salzen und darübergeben. Den Auflauf im Ofen (Mitte) etwa 40 Minuten goldgelb backen.

PRO PERSON CA. 620 KCAL, 25 g EW, 31 g F, 63 g KH
Basenwert: ★

INFO: Der Auflauf liegt im basischen Bereich. Wer mehr Basen-Sterne sammeln will, lässt den Schinken weg.

KNUSPERENTE MIT BROKKOLI, SPROSSEN UND MANDELN

Rezepte mit Fleisch und Geflügel

Knusperente mit Brokkoli, Sprossen und Mandeln

Für 4 Personen | ca. 30 Minuten

600 g Entenbrust (von der Flugente) | 1 rote Zwiebel | 4 Frühlingszwiebeln | 200 g Brokkoli | 100 g Sojasprossen | 1 EL Erdnussöl (ersatzweise Olivenöl) | 100 ml Gemüsebrühe | 3 EL Sojasauce | Pfeffer | Salz | 1 EL Mandelblättchen

1. Die Entenbrust abspülen, trocknen und in dünne Scheiben schneiden.
2. Die Zwiebel abziehen und fein hacken, die Frühlingszwiebeln putzen, waschen und in feine Ringe schneiden. Brokkoli waschen und in sehr kleine Röschen zerteilen. Sprossen abbrausen und abtropfen lassen.
3. Das Öl in einer beschichteten Pfanne erhitzen, die Entenbrust darin bei mittlerer Hitze in 3 bis 4 Minuten knusprig anbraten, herausnehmen und warm stellen. Zwiebel, Frühlingszwiebeln und Brokkoli in den Bratfond geben, kurz anbraten und mit der Gemüsebrühe ablöschen. Gemüse in ca. 8 Minuten gar dünsten, nach der Hälfte der Zeit die Sprossen unterheben. Mit Sojasauce, Pfeffer und nach Bedarf etwas Salz abschmecken.
4. Das Fleisch zum Gemüse geben und kurz erhitzen. Mit den Mandelblättchen servieren.

PRO PORTION ETWA: 417 KCAL, 30 g EW, 30 g F, 5 g KH
Basenwert: ★ (in Kombination mit Salat)

TIPP: Die Mandelblättchen vor dem Servieren nach Belieben leicht rösten – das geht in einer Pfanne ohne Fett bei mittlerer Hitze ganz schnell.

Gemüsereis mit Hackfleisch

Für 4 Personen | ca. 30 Minuten

Salz | 200 g Reis | 2 Zucchini | 2 rote Paprikaschoten | 4 Möhren | 1 EL Olivenöl | 100 g Rinderhackfleisch | Pfeffer aus der Mühle | Je 1 Msp. gemahlener Kreuzkümmel und Koriander

1. In einem Topf Salzwasser aufkochen und den Reis bei schwacher Hitze nach Packungsangabe etwa 20 Minuten zugedeckt gar kochen bzw. ausquellen lassen.
2. Die Gemüse waschen und putzen. Die Zucchini in Scheiben schneiden, die Paprikaschoten halbieren und von den Kernen und Trennwänden befreien. Paprikaschoten würfeln. Die Möhren schälen und in dünne Scheiben schneiden.
3. Das Öl erhitzen und das Hackfleisch darin bei starker Hitze unter Rühren krümelig braten. Das Gemüse dazugeben und bei mittlerer Hitze 5 bis 6 Minuten dünsten. Die Mischung mit Salz, Pfeffer, Kreuzkümmel und Koriander würzen. Den Reis abtropfen lassen und untermischen. Nochmals abschmecken.

PRO PERSON CA. 307 KCAL, 13 g EW, 6 g F, 42 g KH
Basenwert: ★ (in Kombination mit Salat)

TIPP: Der Gemüsereis mit Hackfleisch schmeckt als kleine leichte Mahlzeit zwischendurch.

Kalbsmedaillons mit Gorgonzola-Polenta

Für 2 Personen | ca. 45 Minuten

Für die Polenta: 100 g frische Sahne | Meersalz | Pfeffer | Muskatnuss | 1 TL zerdrückte Rosmarinnadeln | 1 EL Butter | 100 g Polentagrieß | 1 EL Gorgonzola
Für die Medaillons: 4 Kalbfleischmedaillons (à ca. 70 g) | Salz | Pfeffer | 1–2 EL Rapsöl

1. Die Sahne mit 300 ml Wasser verrühren. Kräftig mit Salz, Pfeffer und Muskatnuss abschmecken, die Rosmarinnadeln unterrühren.
2. Die Sahnemischung in einem Topf erhitzen und die Butter darin zerlassen. Den Polentagrieß mit dem Schneebesen einrühren.
3. Bei schwacher Hitze zugedeckt ausquellen lassen. Ab und zu mit einem Holzlöffel umrühren, damit nichts ansetzt. Gorgonzola unter die fertige Polenta rühren.
4. Die Kalbsmedaillons abspülen und trocknen. Salzen und pfeffern. Das Öl in einer Pfanne erhitzen, Fleisch bei starker Hitze kurz anbraten. Die Hitze reduzieren und die Medaillons bei mittlerer Hitze auf jeder Seite ca. 4 Minuten braten. Medaillons auf zwei Teller geben und mit der Polenta servieren. Dazu schmeckt ein frischer Salat.

PRO PERSON CA. 159 + 352 KCAL, 25 + 6 g EW, 7 + 19 g F, 0 + 38 g KH
Basenwert: ★ (in Kombination mit frischem Gemüse oder Salat)

Thymian-Ratatouille mit Hühnerbrust

Für 4 Personen | ca. 30 Minuten

1 Zwiebel | 1 Knoblauchzehe | 1 Zucchino | je 1/2 gelbe und rote Paprikaschote | 1 kleine Aubergine | 2 TL Olivenöl | 1/2 Bund Thymian | 1 kleine Dose geschälte Tomaten | 1 Lorbeerblatt | 400 g Hähnchenbrustfilet | 1 EL Butterschmalz | Pfeffer aus der Mühle | Meersalz

1. Zwiebel und Knoblauch abziehen und fein schneiden. Zucchino, Paprikaschoten und Aubergine waschen, putzen und in Würfel schneiden. Das Öl in einem Topf erhitzen, die Zwiebel kurz anbraten, Zucchino, Paprika und Knoblauch dazugeben und 3 Minuten bei mittlerer Hitze dünsten.
2. Thymian waschen und die Blättchen abzupfen. Auberginenwürfel, Tomaten aus der Dose, Lorbeerblatt und Thymian in den Topf geben. Einmal aufkochen, dann zugedeckt bei schwacher bis mittlerer Hitze etwa 15 Minuten gar schmoren.
3. Inzwischen das Hähnchenbrustfilet in feine Streifen schneiden. Das Butterschmalz in einer beschichteten Pfanne erhitzen. Hühnerfleisch pfeffern und bei starker Hitze rundherum anbräunen. Dann bei mittlerer Hitze in 3 bis 4 Minuten garen. Mit Salz abschmecken.
4. Das Lorbeerblatt aus dem fertigen Gemüse entfernen. Gemüse auf vier Teller geben und die Hühnerstreifen darauf anrichten.

PRO PERSON CA. 235 KCAL, 25 g EW, 52 g F, 9 g KH
Basenwert: ★

Rezepte mit Fleisch und Geflügel

Hähnchenschenkel mit Rosmarinkartoffeln

Für 4 Personen | ca. 1 Stunde 10 Minuten

8 Hähnchenkeulen | Salz | Pfeffer | 2–3 EL Olivenöl | 2 Knoblauchzehen | 2 Zweige Thymian | 4 Zweige Rosmarin | 8 kleine Kartoffeln | 1 TL Oregano

1. Den Backofen auf 200 °C vorheizen.
2. Hähnchenkeulen waschen, trocknen, salzen und pfeffern. Das Öl in einem Bräter erhitzen und die Hähnchenschenkel bei starker Hitze von beiden Seiten anbraten.
3. Den Knoblauch abziehen und grob hacken. Thymian und Rosmarin waschen, trocknen, Blätter bzw. Nadeln abzupfen und fein hacken. Kartoffeln schälen und waschen. Kartoffeln, Kräuter und Knoblauch zu den Hähnchenkeulen in den Bräter geben.
4. Bräter auf die mittlere Schiene in den Ofen schieben und die Hähnchenkeulen und Kartoffeln in 45 bis 50 Minuten garen. Während dieser Garzeit ein- bis zweimal mit dem Bratensaft übergießen.
5. Bräter aus dem Ofen holen, je zwei Hähnchenkeulen und zwei Kartoffeln auf vier Tellern anrichten. Mit Oregano bestreuen und servieren. Dazu passt ein frischer Salat.

**PRO PERSON CA. 464 KCAL,
39 g EW, 28 g F, 16 g KH
Basenwert: ★ (in Kombination mit Salat)**

Ananassauerkraut mit Putenschnitzel

Für 2 Personen | ca. 45 Minuten

2 Scheiben Ananas (aus der Dose) | 400 g frisches Sauerkraut | 2 Putenschnitzel (à ca. 125 g) | 2 TL Sonnenblumenöl | Meersalz | weißer Pfeffer

1. Die Ananas sehr fein würfeln. Mit dem Sauerkraut in einen Topf geben und bei schwacher Hitze 30 bis 35 Minuten kochen.
2. Die Putenschnitzel abspülen und trocknen. Das Öl in einer Pfanne erhitzen und die Putenschnitzel darin bei mittlerer Hitze auf jeder Seite 3 bis 5 Minuten braten.
3. Schnitzel herausnehmen, mit Salz und weißem Pfeffer würzen und mit dem Ananas-Sauerkraut auf zwei Tellern anrichten.

**PRO PERSON CA. 304 KCAL,
33 g EW, 11 g F, 9 g KH
Basenwert: ★**

INFO: Sauerkraut ist reich an Vitamin C. Die rechtsdrehende L(+)-Milchsäure aktiviert zudem die Bauchspeicheldrüse und unterstützt die Reinigung des Darms.

Rindfleisch in Kokos-Chili-Sauce

Für 2 Personen | ca. 30 Minuten

300 g Rinderfilet | 4 EL Sojasauce | 2 Frühlingszwiebeln | 2 Knoblauchzehen | 1 Chilischote | je 1 rote und grüne Paprikaschote | 100 g Austernpilze | 1 Stück Ingwer (ca. 2 cm) | 2 EL Sesamöl | Currypulver | 200 ml Kokosmilch | Zitronensaft | Salz | Pfeffer

1. Das Rinderfilet in feine Streifen schneiden und in 2 EL Sojasauce 15 Minuten marinieren.
2. Frühlingszwiebeln waschen, putzen und in feine Ringe schneiden. Den Knoblauch abziehen und in feine Scheiben schneiden. Chilischote waschen, putzen, entkernen und in sehr feine Ringe schneiden.
3. Paprikaschoten und Sellerie waschen. Paprikaschoten putzen, halbieren und in feine Streifen schneiden. Austernpilze putzen, trocken abreiben und klein schneiden. Den Ingwer schälen und raspeln.
4. Das Öl im Wok oder in einer Pfanne mit hohem Rand erhitzen. Knoblauch, Frühlingszwiebeln, Chilischote und mariniertes Fleisch hineingeben und unter Rühren anbraten. Mit 1 Messerspitze Currypulver bestreuen. Gemüse, Pilze und Ingwer dazugeben und unter ständigem Rühren knackig anbraten.
5. Mit Kokosmilch und restlicher Sojasauce ablöschen und unter Rühren weitere 3 Minuten garen. Pikant abschmecken.

PRO PERSON CA. 366 KCAL, 38 g **EW**, 17 g **F**, 12 g **KH**
Basenwert: ★ (in Kombination mit Kartoffeln)

TIPP: Dazu schmecken Sesamkartoffeln.

Gratinierte Soja-Spätzle

Für 4 Personen | ca. 30 Minuten

350 g Sojamehl (Reformhaus) | Meersalz | 2 Eier | 1 Zwiebel | 1 EL Butter | 100 g mittelalter Gouda | Pfeffer | Fett für die Form

1. Für den Spätzleteig das Sojamehl mit 1 Prise Salz in eine Schüssel geben. Eier nacheinander dazugeben und mit dem Mehl zu einem Teig verrühren. Teig kräftig bearbeiten, bis er Blasen wirft. In einem großen Topf Salzwasser aufkochen und Spätzleteig durch einen Spätzlehobel in das Wasser geben.
2. Wenn die Spätzle oben schwimmen, mit dem Schaumlöffel herausfischen, kalt abschrecken und gut abtropfen lassen. Backofen auf 200 °C vorheizen.
3. Die Zwiebel abziehen und in feine Streifen schneiden. Die Butter in einer Pfanne erhitzen und die Zwiebelstreifen dazugeben und bei mittlerer Hitze 3 bis 4 Minuten braten.
4. Den Käse reiben. Die Auflaufform fetten, Spätzle einfüllen, mit Salz und Pfeffer abschmecken, mit Zwiebeln und Käse bestreuen und im Ofen etwa 15 Minuten gratinieren.

PRO PERSON CA. 457 KCAL, 46 g **EW**, 29 g **F**, 4 g **KH**
Basenwert: ★ (in Kombination mit Salat)

TIPP: Eine ideale Beilage für kurzgebratenes Fleisch.

Rezepte mit Fleisch und Geflügel

Gegrilltes Steak mit Gemüsepäckchen

Für 4 Personen | ca. 50 Minuten

2 Fenchelknollen | 1 Handvoll Austernpilze | 1 Zucchino | 4 Kirschtomaten | 4 EL Sonnenblumenöl | 4 EL Sojasauce | 1 EL trockener Weißwein | Meersalz | Pfeffer | 1 Bund gemischte Kräuter (z. B. Basilikum, Thymian) | 1 EL Butter | 4 kleine Rindersteaks

1. Fenchel putzen, waschen und vierteln. In sprudelnd kochendem Wasser kurz blanchieren, kalt abschrecken und abtropfen lassen.
2. Pilze putzen, Zucchino und Tomaten waschen. Zucchino in Stücke schneiden. Alles Gemüse in eine Schüssel geben.
3. Aus Öl, Sojasauce, Wein, Salz und Pfeffer eine Marinade rühren. Über das Gemüse geben und etwa 15 bis 20 Minuten marinieren. Gemüse abtropfen lassen.
4. Kräuter waschen, trocknen und hacken. Vier Stücke Alufolie mit Butter bepinseln und die Hälfte der Kräuter daraufstreuen. Gemüse darauf verteilen, mit den restlichen Kräutern bestreuen und die Folie gut verschließen. 25 bis 30 Minuten auf dem Grill garen.
5. Die Steaks waschen, trocknen, mit Salz und Pfeffer würzen und ebenfalls auf dem Grill garen. Mit dem Gemüse servieren.

PRO PERSON CA. 274 KCAL,
30 g **EW**, 15 g **F**, 4 g **KH**
Basenwert: ★

TIPP: Dazu passt eine Joghurt-Minze-Sauce: Sie brauchen dafür 200 g frischen Naturjoghurt, 1 Zweig Minze, 1 Knoblauchzehe und Meersalz.

Rindfleischtopf mit grünen Bohnen

Für 2 Personen | ca. 25 Minuten

200 g zartes Rindfleisch | 3 EL Sonnenblumenöl | 500 g grüne Bohnen | 1 Zwiebel | 1 kleine Möhre | 1 kleine Stange Lauch | 750 ml Gemüsebrühe | 1/2 Bund Bohnenkraut | 2 Kartoffeln | Salz | Pfeffer | 2 EL Weißweinessig

1. Rindfleisch kalt abspülen, trocknen und in mundgerechte Stücke schneiden. Das Öl in einem großen Topf erhitzen und das Fleisch bei starker Hitze rundherum anbraten.
2. Die Bohnen waschen, putzen und schräg in kleine Stücke schneiden. Die Zwiebel abziehen und klein würfeln. Die Möhre waschen, putzen, nach Belieben schälen und ebenfalls klein würfeln. Lauch putzen, längs aufschneiden, waschen und in feine Ringe schneiden.
3. Zwiebel, Möhre und Lauch zum Fleisch geben und kurz andünsten, Bohnen dazugeben. Die Gemüsebrühe angießen. Das Bohnenkraut waschen und dazugeben. Alles einige Minuten bei schwacher Hitze sanft kochen lassen.
4. Die Kartoffeln schälen, waschen, in kleine Würfel schneiden und in den Eintopf geben. Eintopf nochmals 15 bis 20 Minuten kochen. Das Bohnenkraut entfernen und den Eintopf mit Salz, Pfeffer und Essig abschmecken.

PRO PERSON CA. 487 KCAL,
30 g **EW**, 28 g **F**, 24 g **KH**
Basenwert: ★

WARMER APRIKOSENGRATIN MIT MANDELN UND SESAM

Feine Desserts, Brot & Kuchen

Hirseauflauf mit Äpfeln und Vanille

Für 4 Personen | ca. 45 Minuten

1 Tasse Hirse (ca. 250 g) | Salz | 3 Äpfel | 1 Stück Ingwer | 3 EL Rosinen | 2 EL gemahlene Haselnüsse | 100 g Sahne | 1/2 TL Zimtpulver | Kardamom | 1 Msp. Bourbon-Vanille (Reformhaus) | 1 TL Butter | Fett für die Form

1. Hirse waschen und abtropfen lassen. In einem Topf mit 2 Tassen (ca. 500 ml) heißem Wasser und 1 Prise Salz aufkochen, 10 Minuten bei schwacher Hitze zugedeckt ausquellen lassen.
2. Äpfel schälen, vierteln, entkernen und klein schneiden. Ingwer schälen und fein hacken. Rosinen heiß abspülen. Den Backofen auf 200 °C vorheizen und eine Auflaufform fetten.
3. Äpfel, Rosinen und Haselnüsse mit Hirse und Sahne vermischen. Mit Zimt, 1 Prise Kardamom und Vanille würzen, in die Form füllen und mit Butterflöckchen belegen. Den Auflauf in ca. 30 Minuten goldbraun backen.

**PRO PERSON CA. 378 KCAL,
7 g EW, 15 g F, 54 g KH
Basenwert: ★ (mit Kompott, z. B. Seite 116)**

Warmer Aprikosengratin mit Mandeln und Sesam

Für 4 Personen | ca. 1 Stunde

750 g reife Aprikosen | 100 g Butter | 100 g Vollkornmehl | 100 g gemahlene Mandeln | 50 g Rohrzucker | Salz | 30 g Sesamsamen | 1/2 TL Zimtpulver | frischer Naturjoghurt zum Anrichten

1. Die Aprikosen waschen, halbieren, den Stein entfernen. Den Backofen auf 175 °C vorheizen. Eine Gratinform mit 1 TL Butter fetten, Aprikosen hineingeben.
2. Mehl, Mandeln, Zucker, 1 Prise Salz, restliche Butter in Flöckchen, Sesamsamen und Zimt in einer Schüssel mischen und zu groben Streuseln vermengen. Die Streusel gleichmäßig auf den Aprikosen verteilen.
3. Das Gratin im Ofen (Mitte) ca. 50 Minuten backen, bis die Streusel goldbraun sind. Den Joghurt glatt rühren und zum Gratin reichen.

**PRO PERSON CA. 589 KCAL,
11 g EW, 40 g F, 44 g KH
Basenwert: ★**

Kokos-Pralinés mit Mandeln

Für 20 Pralinés | ca. 20 Minuten + Kühlzeit

200 g Kokosfleisch (ersatzweise Kokosflocken) | 100 g weiche Butter | 2 EL Honig | 3 EL Kakaopulver (ungesüßt) | 1 Msp. Bourbon-Vanille (Reformhaus) | 1 Spritzer Zitronensaft | Salz | 1 EL Cognac (nach Belieben) | 4 getrocknete Datteln | 50 g gehackte Mandeln

1. Das Kokosfleisch im Mixer cremig pürieren. Die weiche Butter in eine Schüssel geben und mit der Kokoscreme verrühren. Den Honig, das Kakaopulver, die Vanille, den Zitronensaft, 1 Prise Salz und nach Belieben den Cognac untermischen. Alle Zutaten zu einem glatten Teig verrühren.
2. Die Datteln entkernen, sehr fein hacken und unter den Teig heben.
3. Aus dem Teig etwa 20 kleine Kugeln formen. Die gehackten Mandeln auf einen flachen Teller geben und die Kokoskugeln in den gehackten Mandeln wälzen. Kugeln auf ein Tablett oder einen großen Teller legen und im Tiefkühlfach fest werden lassen.

PRO STÜCK CA. 71 KCAL,
1 g EW, 8 g F, 2 g KH
Basenwert: ★ (in Kombination mit frischem Obst)

Marzipan-Kokos-Kugeln mit feiner Vanille

Für 20 Kugeln | ca. 10 Minuten + Kühlzeit

200 g fein gehackte Mandeln | 75 g Hirseflocken | 2 EL Melasse | 1 EL Honig | 1 EL Rosenwasser | 1/4 TL Bourbon-Vanille (Reformhaus) | 1–2 EL Kokosraspel

1. Mandeln und Hirse vermischen und in einer Getreidemühle sehr fein mahlen.
2. Mit Melasse, Honig, Rosenwasser und der Bourbon-Vanille mischen und zu einem glatten Teig verkneten.
3. Aus dem Teig etwa 20 Kugeln formen. Die Kokosraspel auf einen flachen Teller geben und die Kugeln darin wälzen. Kugeln mehrere Stunden im Kühlschrank durchziehen lassen.

PRO STÜCK CA. 78 KCAL,
2 g EW, 6 g F, 4 g KH
Basenwert: ★ (in Kombination mit frischem Obst)

TIPP: Mit frischem Obst genossen eine wunderbar süße Nachspeise, die ganz ohne Industriezucker auskommt. Bei Kindern beliebt und auch für Gäste ein passender Abschluss von einem feinen Menü.

Feine Desserts, Brot & Kuchen

Beerengrütze mit flüssiger Sahne

Für 4 Personen | ca. 20 Minuten + Kühlzeit

500 g gemischte rote Beeren (Himbeeren, Johannisbeeren, Erdbeeren) | 2 Orangen (ersatzweise roter Traubensaft) | 2 EL Speisestärke | 1 TL Zimtpulver | 2 EL Zucker | 200 g Sahne

1. Die Beeren putzen, waschen und gut abtropfen lassen. Johannisbeeren von den Rispen streifen, Erdbeeren entkelchen. Die Orangen auspressen.
2. Die Speisestärke mit 4 EL Orangensaft anrühren.
3. Restlichen Orangensaft mit Zimt und Zucker in einen Topf geben, zum Kochen bringen, die Speisestärke langsam dazugeben und unterrühren, einmal aufkochen lassen.
4. 1 Handvoll Beeren klein schneiden und beiseitelegen, die restlichen Beeren unterrühren und alles bei schwacher Hitze so lange kochen, bis der Früchtebrei glasig aussieht. Den Topf von der Herdplatte ziehen und die klein geschnittenen frischen Früchte unter die gekochte Grütze heben.
5. Die Grütze in eine Glasschüssel füllen und kalt stellen.
6. Die fest gewordene Grütze mit flüssiger Sahne servieren. Alternativ passt auch glatt gerührter Joghurt.

PRO PERSON CA. 256 KCAL,
3 g EW, 16 g F, 22 g KH
Basenwert: ★★

TIPP: Für eine blitzschnelle Variation nehmen Sie gemischte Tiefkühl-Beeren.

Bratäpfel mit Mandeln und Rosinen

Für 4 Personen | ca. 40 Minuten (inkl. Backzeit)

2 EL Rosinen | 1 EL Apfelsaft | 4 große säuerliche Äpfel (Boskop oder Cox Orange) | 2 EL Mandelstifte | 2 EL gehackte Haselnüsse | 1/2 TL Zimtpulver | 2 EL Zitronensaft | 2 EL Quark | 200 g Naturjoghurt | 2 EL Sanddornsaft (Reformhaus)

1. Den Backofen auf 200 °C vorheizen. Die Rosinen mit dem Apfelsaft beträufeln und ziehen lassen.
2. Die Äpfel waschen und trocken reiben. Das Kerngehäuse mit einem Apfelausstecher ausstechen und die Äpfel in eine ofenfeste Form stellen.
3. Für die Füllung Mandelstifte, eingeweichte Rosinen, Nüsse, Zimt, Zitronensaft und Quark in einer Schüssel vermengen. Die Füllung auf die Äpfel verteilen.
4. Die Form in den Backofen auf die mittlere Schiene schieben und die Äpfel 20 bis 30 Minuten backen.
5. Äpfel auf einem Teller anrichten und etwas abkühlen lassen. Den Joghurt cremig rühren und den Sanddornsaft unterheben. Diese Creme zu den Äpfeln servieren.

PRO PERSON CA. 189 KCAL,
4 g EW, 8 g F, 23 g KH
Basenwert: ★★

TIPP: Ein wunderbares Dessert für kalte Wintertage, mit dem Sie Basenpunkte sammeln. Die Bratäpfel schmecken auch lecker mit halbsteif geschlagener süßer Sahne oder einfach mit glatt gerührtem Vanillejoghurt.

Obstsalat mit weißem Pfirsich und Trauben

Für 2 Personen | ca. 25 Minuten (inkl. Ruhezeit)

Saft von 1/2 Orange | Saft von 1/2 Limette | 1 TL Puderzucker | 1 haselnussgroßes Stück Ingwer | 2 EL Mandeln | 1 weißer Pfirsich | 1 Handvoll blaue Trauben (ohne Stein) | 1 frische Feige | 1 kleiner Apfel | 1 Banane | 1 Chicoréestaude | 1 Zweig Minze

1. Orangen- und Limettensaft in eine Schüssel geben und mit dem Puderzucker verrühren. Den Ingwer schälen und sehr fein hacken, die Mandeln ebenfalls hacken und beides zum Zuckersaft in die Schüssel geben.
2. Den Pfirsich waschen, halbieren, entkernen und klein schneiden. Die Trauben waschen, trocknen und halbieren. Die Feige schälen und das Fruchtfleisch in kleine Stücke schneiden. Den Apfel waschen, putzen, vierteln, vom Kernhaus befreien und klein schneiden. Die Banane schälen und in Scheiben schneiden. Das Obst zu den anderen Zutaten geben und alles gut vermischen.
3. Chicorée putzen und unten mit einem spitzen Messer den bitteren Strunk herausschneiden. Äußere Blätter entfernen. Blätter waschen und in dünne Streifen schneiden. Minze waschen, Blättchen abzupfen und fein hacken. Chicorée und Minze zum Salat geben.
4. Alle Zutaten gut vermischen. Den Salat an einem kühlen Ort etwa 15 Minuten durchziehen lassen.

PRO PERSON CA. 276 KCAL,
5 g **EW**, 7 g **F**, 47 g **KH**
Basenwert: ★★★

Erdbeeren mit Orangenlikör auf Avocadocreme

Für 2 Personen | ca. 15 Minuten

300 g Erdbeeren | 2 TL Orangenlikör (z. B. Grand Marnier) | 1 Avocado | 1 Spritzer Zitronensaft | 100 g saure Sahne | 1 Päckchen Vanillezucker | 1 Msp abgeriebene Schale von einer unbehandelten Zitrone | 2 Zweige Zitronenmelisse

1. Erdbeeren putzen, vorsichtig waschen und in feine Scheibchen schneiden. Mit Orangenlikör beträufeln und 10 Minuten zugedeckt durchziehen lassen.
2. Die Avocado halbieren und den Kern entfernen. Das Fruchtfleisch mit einem Löffel herausnehmen und sofort mit Zitronensaft beträufeln. Avocadofleisch mit saurer Sahne, Vanillezucker und Zitronenschale zu einer glatten Creme rühren.
3. Die Zitronenmelisse waschen, Blättchen abzupfen und hacken.
4. Die Avocadocreme auf zwei flache Dessertteller streichen. Die Erdbeeren darauf anrichten und das Dessert mit Zitronenmelisse bestreuen.

PRO PERSON CA. 297 KCAL,
4 g **EW**, 23 g **F**, 16 g **KH**
Basenwert: ★

Feine Desserts, Brot & Kuchen

Frucht-Shake mit Erdbeer und Maracuja

Für 2 Gläser | ca. 10 Minuten

150 g Erdbeeren | 1 Maracuja (Passionsfrucht) | 200 ml kalte Milch | 2 EL Vanilleeis (fertig gekauft)

1. Die Erdbeeren putzen, vorsichtig waschen und in den Mixer geben.
2. Die Maracuja halbieren und das Fruchtfleisch mit einem Löffel herausheben. Grob zerkleinern und zu den Erdbeeren in den Mixer geben.
3. Die Milch und das Eis dazugeben und alles im Mixer fein pürieren. Auf zwei Gläser verteilen und sofort servieren.

PRO GLAS CA. 169 KCAL, 6 g EW, 7 g F, 19 g KH
Basenwert: ★

INFO: Erdbeeren sind leicht basisch und enthalten viele Mineralstoffe, unter anderem auch Eisen. Sie harmonieren sehr gut mit Kiwis.

Beeren-Crumble mit Joghurt-Sahne-Creme

Für 6 Personen | ca. 50 Minuten

500 g Beeren (je nach Saison Brombeeren, Johannisbeeren oder gemischt) | 75 g Butter | 100 g Cantuccini (italienisches Mandelgebäck) | 75 g Mehl | 75 g Zucker | 1/2 TL abgeriebene Zitronenschale von einer unbehandelten Zitrone | 1/2 TL Zimtpulver | 1 Prise Salz | 50 g Mandelstifte
Für die Creme: 200 g Sahne | 100 g Naturjoghurt | 1 Päckchen Vanillezucker

1. Die Beeren verlesen, vorsichtig waschen und trocknen. Eine ofenfeste flache Form mit Butter fetten und die Beeren hineingeben.
2. Den Backofen auf 200 °C vorheizen. Die Cantuccini hacken. Das geht am besten, wenn Sie die Kekse in eine Gefriertüte geben und dann mit dem Nudelholz zerdrücken. Keksbrösel mit Mehl, Zucker, Zitronenschale, Zimt, Salz, der restlichen Butter und der Hälfte der Mandelstifte zu kleinen Streuseln verkneten.
3. Die Crumbles auf den Beeren verteilen, die restlichen Mandelstifte darüberstreuen.
4. Das Beeren-Crumble im Backofen (Mitte) 30 bis 40 Minuten backen, bis die Streusel goldbraun sind.
5. Für die Creme die Sahne steif schlagen, Joghurt und Vanillezucker unterheben und die Creme zu dem Beeren-Crumble servieren.

PRO PERSON CA. 405 KCAL, 5 g EW, 7 g F, 35 g KH
Basenwert: ★ (in Kombination mit Fruchtsauce)

TIPP: Schmeckt prima mit heißer Himbeersauce (siehe Seite 118).

BLAUBEER-PFANNKUCHEN AUS DINKELMEHL MIT WARMER APFEL-HIMBEER-SAUCE

Feine Desserts, Brot & Kuchen

Blaubeer-Pfannkuchen aus Dinkelmehl ...

Für 4 Personen | ca. 10 Minuten

250 g feines Dinkelmehl | 1 TL Weinsteinbackpulver | Salz | 1 Ei | 375 ml Buttermilch | 1 Handvoll Blaubeeren | 1 EL Sonnenblumenöl

1. Mehl, Backpulver und 1 Prise Salz in einer Schüssel mischen. Das Ei in eine andere Schüssel aufschlagen und mit der Buttermilch verrühren. Die Ei-Buttermilch-Mischung zu dem Mehl geben und alles zu einem glatten Teig rühren.
2. Die Blaubeeren verlesen, waschen, trocknen und unter den Teig heben.
3. Das Sonnenblumenöl in einer beschichteten Pfanne erhitzen und kleine Pfannkuchen ausbacken. Mit warmer Apfel-Himbeer-Sauce servieren.

PRO PERSON CA. 328 KCAL,
14 g EW, 10 g F, 45 g KH
Basenwert: ★ (in Kombination mit frischer Fruchtsauce)

TIPP: Dazu schmeckt statt der Apfel-Himbeer-Sauce auch einmal ein Vanillejoghurt.

... mit warmer Apfel-Himbeer-Sauce

Für 4 Personen | ca. 10 Minuten

2 mittelgroße Äpfel | 250 g frische Himbeeren (ersatzweise TK-Himbeeren) | 2 EL Puderzucker

1. Äpfel schälen, vierteln, das Kernhaus entfernen und die Viertel in kleine Stückchen schneiden. Himbeeren putzen und waschen (TK-Himbeeren auftauen lassen).
2. Apfelstückchen, Himbeeren, 2 EL Wasser und den Puderzucker in einen Topf geben. Bei schwacher Hitze etwa 5 Minuten kochen. Mit dem Pürierstab zu einer glatten Sauce pürieren. Die Sauce warm zu den Blaubeer-Pfannkuchen servieren.

PRO PERSON CA. 81 KCAL,
1 g EW, 1 g F, 17 g KH
Basenwert: ★★

Basmati-Kokosreis mit Feigen und Rosinen ...

Für 4 Personen | ca. 10 Minuten

50 g getrocknete Feigen | 200 g Basmatireis | 200 ml Kokosmilch | 50 g Rosinen | 1 TL Honig | Salz | Zimtpulver | 1 Nelke | 200 ml fettarme Milch mit Wasser gemischt (1:1)

1. Die Feigen klein schneiden. Den Basmatireis in einem Topf kurz trocken anrösten. Kokosmilch, Rosinen, Feigen, Honig, 1 Prise Salz, 1 Prise Zimt und die Nelke dazugeben. So viel Milchwasser dazugießen, dass der Reis etwa daumenbreit bedeckt ist.
2. Den Reis einmal aufkochen lassen und dann zugedeckt bei ganz schwacher Hitze 15 bis 20 Minuten ausquellen lassen. Reis mit dem Pfirsich-Zimt-Kompott servieren.

PRO PERSON CA. 270 KCAL, 4 g EW, 1 g F, 58 g KH
Basenwert: ★ (kombiniert mit Kompott)

TIPP: Reis ist säureüberschüssig. Doch in Begleitung von Rosinen, Feigen und einem frischen Kompott wird aus dem süßen Reis ein leckeres Basengericht, das auch Kindern gut schmeckt.

... und Pfirsich-Zimt-Kompott

Für 4 Personen | ca. 15 Minuten

500 g Pfirsiche | 1 TL Zimtpulver | 1 EL Zucker | 200 ml frisch gepresster Orangensaft | 1 TL Speisestärke | 1 TL Orangenlikör (nach Belieben) | 1 EL Mandelblättchen

1. Pfirsiche waschen, entsteinen und in feine Spalten schneiden.
2. Ein Drittel der Pfirsiche mit Zimt, Zucker und dem Orangensaft aufkochen und etwa 10 Minuten leise kochen lassen. Früchte fein pürieren.
3. Das Fruchtpüree wieder aufkochen lassen, die Speisestärke und nach Belieben den Likör dazugeben, nochmals 1 Minute kochen. Die restlichen Pfirsichspalten unterheben. Das Kompott mit Mandelblättchen verzieren und lauwarm zum Kokosreis servieren.

PRO PERSON CA. 108 KCAL, 2 g EW, 2 g F, 21 g KH
Basenwert: ★★

TIPP: Leckere Variante: mit Pflaumen und Traubensaft. Oder mit Nektarinen. Schmeckt auch mit Naturjoghurt.

Feine Desserts, Brot & Kuchen

Papayasalat mit Granatapfel und Vanillecreme

Für 2 Personen | ca. 15 Minuten

1 Papaya | 1 Pfirsich | Saft von 1 Limette | 1/2 TL Honig | 1 Granatapfel | 200 g Vanillejoghurt (fertig gekauft) | 1/4 TL Zimtpulver | 1 EL Sesamsamen

1. Papaya schälen und die Kerne entfernen. Das Fruchtfleisch in feine Streifen schneiden. Den Pfirsich waschen, entkernen und in kleine Würfel schneiden. Früchte in eine Schüssel geben, Limettensaft und Honig verrühren und über die Früchte träufeln.
2. Den Granatapfel halbieren, Kerne und Fruchtfleisch mit einer Gabel herauslösen und zu den anderen Früchten geben.
3. Den Joghurt mit Zimt glatt rühren. Die Sesamsamen in einer Pfanne ohne Fett kurz anrösten und über den Zimtjoghurt geben. Mit den Früchten servieren.

PRO PERSON CA. 282 KCAL, 7 g EW, 8 g F, 46 g KH
Basenwert: ★★

INFO: Das Fruchtfleisch der tropischen Papaya enthält kaum Säure und hat einen hohen Gehalt an Vitamin C und A.

Früchtepudding mit Mascarpone

Für 4 Personen | ca. 20 Minuten + Kühlzeit

500 ml frisch gemachter Apfelsaft | 2 EL Birnendicksaft | 2–3 TL Agar-Agar (aus dem Reformhaus oder Bioladen) | 150 g Mascarpone (ital. Frischkäse) | 1 Handvoll Himbeeren

1. Den Apfelsaft mit dem Birnendicksaft in einen Topf geben und zum Kochen bringen. Agar-Agar unterrühren und alles 1 Minute kochen lassen. In eine Schüssel gießen und 10 bis 15 Minuten stehen lassen.
2. Den Mascarpone mit dem Handmixer aufschlagen, unter die Apfelcreme heben und die Puddingmasse locker aufschlagen.
3. Den Pudding im Kühlschrank fest werden lassen. Die Himbeeren vorsichtig waschen und trocknen. Den Pudding auf vier Schälchen verteilen, die Himbeeren auf dem Pudding verteilen und das Dessert servieren.

PRO PERSON CA. 251 KCAL, 2 g EW, 18 g F, 17 g KH
Basenwert: ★

TIPP: Der Früchtepudding schmeckt auch mit vielen anderen süßen Fruchtsäften wie beispielsweise Kirschsaft oder Orangensaft. Probieren Sie es einfach aus!

Heiße Himbeersauce mit Minze

Für 4 Personen | ca. 15 Minuten

300 g TK-Himbeeren | 1 Orange | 1 EL Puderzucker | 1 Msp. Bourbon-Vanille (Reformhaus) | 1/2 TL Rum (nach Belieben) | 1 Zweig Minze

1. Die Himbeeren antauen lassen. Die Orange halbieren und den Saft auspressen. Angetaute Himbeeren, Orangensaft und Puderzucker mit dem Pürierstab zu einer glatten Sauce pürieren.
2. Die Sauce mit der Bourbon-Vanille und nach Belieben etwas Rum abschmecken.
3. Die Sauce erst kurz vor der Verwendung in einem Topf unter Rühren langsam erhitzen, aber nicht kochen lassen. Die Minze waschen, die Blättchen abzupfen und über die Himbeersauce streuen.

PRO PERSON CA. 54 KCAL,
2 g EW, 1 g F, 9 g KH
Basenwert: ★★

TIPP: Statt mit Himbeeren lässt sich die Fruchtsauce auch mit Erdbeeren oder gemischten Beeren zubereiten. Wenn Kinder mitessen, lassen Sie den Rum einfach weg.

Basisches Kartoffel-Nuss-Brot

Für 2 Brote | ca. 1 Stunde + 30 Minuten Backzeit

500 g Kartoffeln (mehlig kochend) | 1 Würfel Hefe | 300 g Haselnüsse | 500 g Dinkelmehl | 1 TL Meersalz | weißer Pfeffer | frisch geriebene Muskatnuss | 1 Ei | 150 ml Milch-Wasser-Mischung (1:1)

1. Die Kartoffeln in der Schale gar kochen. 3 EL Kochwasser in eine kleine Schüssel geben. Die Hefe hineinbröckeln und im warmen Wasser auflösen. Die Kartoffeln pellen, durch eine Kartoffelpresse in eine Schüssel drücken oder mit einem Kartoffelstampfer zu Brei zerdrücken.
2. Die Haselnüsse grob hacken und in einer Pfanne ohne Fett vorsichtig anrösten.
3. Das Dinkelmehl in eine Schüssel geben und mit Salz, Pfeffer, Muskatnuss und den Nüssen vermischen. Die zerstampften Kartoffeln und das Ei dazugeben. Die Milch-Wasser-Mischung nach und nach zugeben und alle Zutaten gründlich zu einem glatten Teig verkneten.
4. Den Teig zugedeckt etwa 30 Minuten gehen lassen. Teig nochmals kneten, halbieren und zu länglichen Brotlaiben formen. Den Backofen auf 220 °C vorheizen. Die Brotlaibe auf ein mit Backpapier belegtes Backblech legen und etwa 20 Minuten gehen lassen.
5. Die Brote im Ofen auf der mittleren Schiene etwa 30 Minuten backen.

PRO SCHEIBE CA. 137 KCAL,
5 g EW, 7 g F, 15 g KH
Basenwert: ★

Feine Desserts, Brot & Kuchen

Kräuterfladen mit Tomaten und Oliven

Für 4 Fladen (8 Personen) | ca. 1 Stunde

500 g Weizenvollkornmehl | 1 Päckchen Trockenhefe | 1 TL Meersalz | 200 g schwarze Oliven | 100 g getrocknete Tomaten | 2 Knoblauchzehen | 1 TL Oregano | 3–4 EL Olivenöl

1. Das Mehl in eine Schüssel geben und die Trockenhefe gut untermischen. Das Salz und 300 ml Wasser dazugeben und alles zu einem Teig verrühren. Etwa 30 Minuten an einem warmen Platz gehen lassen.
2. Inzwischen die Oliven aufschneiden, die Steine entfernen und das Fruchtfleisch in kleine Stücke schneiden. Die getrockneten Tomaten ebenfalls klein schneiden. Den Knoblauch abziehen und fein hacken. Oliven, Tomaten und Knoblauch mit der Hälfte des Oregano in einer Schüssel vermischen.
3. Den Backofen auf 220 °C vorheizen. Ein Backblech fetten oder mit Backpapier belegen. Den Hefeteig gut durchkneten und das Tomaten-Oliven-Gemisch unterheben.
4. Aus dem Teig vier Fladen formen und diese auf das Backblech legen. Mit dem Olivenöl bestreichen und mit dem restlichen Oregano bestreuen. Brote im Ofen auf der mittleren Schiene etwa 25 bis 30 Minuten backen.

PRO PERSON CA. 370 KCAL,
8 g EW, 20 g F, 17 g KH
Basenwert: ★

TIPP: Dazu schmeckt die Avocado-Salsa von Seite 53 oder das Hummus (Kichererbsenpüree) von Seite 80.

Apfelbrot mit Rosinen und Mandeln

Für 1 Kastenform (etwa 20 Scheiben) | ca. 15 Minuten + 1 Stunde Backzeit

500 g Äpfel | 1 TL Zitronensaft | 75 g flüssiger Honig | 100 g Rosinen | 100 g getrocknete Feigen (oder Aprikosen) | 250 g Vollkornmehl | 1/2 Päckchen Backpulver | 1 Prise Nelkenpulver | 1 TL Zimtpulver | 100 g ganze Mandeln | 1 TL Butter

1. Die Äpfel waschen, vierteln, vom Kernhaus befreien und grob raspeln. In eine Schüssel geben und sofort mit dem Zitronensaft und dem Honig beträufeln, durchziehen lassen.
2. Den Backofen auf 175 °C vorheizen. Die Rosinen mit heißem Wasser übergießen und abtropfen lassen. Die Feigen bzw. Aprikosen klein schneiden.
3. Das Mehl in einer Schüssel mit dem Backpulver vermischen. Nelken- und Zimtpulver dazugeben. Geraspelte Äpfel, Rosinen, Feigen und Mandeln untermischen und alle Zutaten zu einem Teig verarbeiten.
4. Die Kastenform mit Butter fetten, den Teig einfüllen und ca. 1 Stunde auf der unteren Schiene backen.

PRO SCHEIBE CA. 118 KCAL,
3 g EW, 3 g F, 20 g KH
Basenwert: ★★

TIPP: Dazu schmeckt der Mango-Aufstrich mit Kiwi und Vanille von Seite 47 oder einfach nur dünn gestrichene Butter.

Bananen-Muffins fruchtig und fein

Für 12 Muffins | ca. 35 Minuten

90 g Rosinen | 200 g Mehl | 1 1/2 TL Weinstein-Backpulver | 1/2 TL Natron | 1 EL Kakaopulver | 1/2 TL Zimtpulver | frisch geriebene Muskatnuss | Salz | 1 Ei | 50 g Zucker | 2–3 EL Melasse | 80 ml Sonnenblumenöl | 250 g Buttermilch | 2 sehr reife Bananen | 1 Möhre | Öl für die Form

1. Rosinen mit kochendem Wasser übergießen und abtropfen lassen. In einer Schüssel Mehl, Backpulver, Natron, Kakaopulver, Zimt, Muskatnuss und 1 Prise Salz vermischen.
2. Backofen auf 180 °C vorheizen. Eine Muffinform mit Öl einpinseln und mit Mehl bestäuben oder mit Papierförmchen auslegen.
3. Das Ei in einer Schüssel verquirlen. Zucker, Melasse, Öl und Buttermilch dazugeben.
4. Die Bananen schälen und zerdrücken. Die Möhre putzen, schälen und fein reiben. Bananen, Möhre und Rosinen zu dem Eiergemisch geben und unterrühren. Diese Mischung zum Mehl in die Schüssel geben und nur ganz kurz zu einem Teig vermischen.
5. Den Teig in die Mulden der Muffinform füllen. Muffins 20 bis 25 Minuten im Ofen auf der mittleren Schiene backen. Mit einem Holzstäbchen die Garprobe machen. Fertige Muffins 5 Minuten in der Form ruhen lassen, herausnehmen und abkühlen lassen.

PRO STÜCK CA. 199 KCAL, 3 g EW, 8 g F, 72 g KH
Basenwert: ★ (in Kombination mit frischem Fruchtsaft oder Molkedrink)

Zucchinikuchen mit Apfel

Für 1 Kastenform (12 Stück) | ca. 15 Minuten + 1 Stunde 10 Minuten Backzeit

500 g Zucchini | 400 g Äpfel | 1 Spritzer Zitronensaft | 2 Eier | 125 g Zucker | Salz | 200 g Mehl | 1 TL Backpulver | 1/2 TL Natron | 1 TL Zimtpulver | 1 Msp Bourbon-Vanille (Reformhaus) | 100 g Haselnüsse | Fett für die Form

1. Zucchini waschen, putzen und fein raspeln. Äpfel schälen, vierteln, vom Kernhaus befreien und in kleine Stückchen schneiden. Apfelstückchen sofort mit etwas Zitronensaft beträufeln.
2. Den Backofen auf 175 °C vorheizen und eine Kastenform fetten.
3. Die Eier mit dem Zucker und 1 Prise Salz schaumig schlagen. Mehl, Backpulver und Natron vermischen und mit dem Zimt und der Bourbon-Vanille unter die Eiermischung rühren. Geraspelte Zucchini und Haselnüsse dazugeben. Nach und nach die Äpfel dazugeben und unterrühren.
4. Den Teig in die Form füllen und auf der mittleren Schiene etwa 70 Minuten backen. Mit einem Holzstäbchen die Garprobe machen. Das Brot im ausgeschalteten Backofen noch 10 Minuten ruhen lassen.

PRO STÜCK CA. 191 KCAL, 4 g EW, 15 g F, 28 g KH
Basenwert: ★

Feine Desserts, Brot & Kuchen

Süße Buchweizenplätzchen ...

Für ca. 20 Stück | ca. 15 Minuten

3 EL Melasse | 100 g Butter | 200 g Buchweizenmehl | Salz | 3 EL gemahlene Mandeln

1. Die Melasse in einem kleinen Topf leicht erwärmen und die Butter darin zerlassen.
2. Das Mehl in eine Schüssel geben, die Melasse-Butter-Mischung und 1 Prise Salz dazugeben und die Zutaten zu einem glatten Teig verarbeiten. Die gemahlenen Mandeln unterheben.
3. Den Teig mit einem Tuch abdecken und etwa 15 Minuten ruhen lassen.
4. Den Backofen auf 175 °C vorheizen. Teig noch einmal durchkneten und in etwa 20 Portionen teilen. Aus jeder Portion ein kleines Plätzchen formen. Ein Backblech mit Backpapier belegen und die Plätzchen darauflegen. Im Ofen auf der mittleren Schiene etwa 20 Minuten backen.

**PRO STÜCK CA. 86 KCAL,
2 g EW, 5 g F, 8 g KH
Basenwert: ★ (in Kombination mit
der Zwetschgensauce)**

... mit Zwetschgensauce

Für 20 Plätzchen (oder 300 ml) | ca. 15 Minuten

300 g süße Zwetschgen | 2 EL Johannisbeersaft (ersatzweise Wasser) | 1 TL Puderzucker | 1/2 TL Zimt

1. Die Zwetschgen waschen, halbieren und die Kerne entfernen.
2. Zwetschgen, Johannisbeersaft, Puderzucker und Zimt in einen Topf geben, einmal aufkochen und bei schwacher Hitze 5 bis 6 Minuten sanft kochen lassen.
3. Die Sauce etwas abkühlen lassen, mit dem Pürierstab pürieren und zu den Buchweizenplätzchen servieren.

**INSGESAMT CA. 90 KCAL,
1 g EW, 0,5 g F, 19 g KH
Basenwert: ★★**

Der Säure-Basen-Wegweiser

Ob 1, 2 oder 3 Basensterne – in diesem Buch sind Sie bei allen Rezepten auf der sicheren »Basenseite«. Rezepte mit 3 Sternen haben eine sehr positiv ausgeprägte Basenbilanz – perfekt, um den Säure-Basen-Haushalt nachhaltig zu harmonisieren.

Die 2-Stern-Rezepte und 1-Stern-Rezepte garantieren ebenfalls eine basengesunde Ernährung, der Effekt ist jedoch milder. Sie enthalten auch säureüberschüssige Nahrungsmittel wie Käse, Getreide, etwas Fleisch oder Fisch. Durch geschickte Kombination mit den richtigen Zutaten sind die Gerichte unterm Strich basenüberschüssig und können unbeschwert genossen werden.

1-Stern-Rezepte

Amarant-Müsli mit Sultaninen und Kokos — 45
Ananassauerkraut mit Putenschnitzel — 105

Bananen-Muffins fruchtig und fein — 120
Bandnudeln mit Zander und Pfifferlingen — 94
Bärlauch-Kartoffel-Gnocchi — 87
Basisches Kartoffel-Nuss-Brot — 118
Basmati-Kokosreis mit Feigen und Rosinen — 116
Beeren-Crumble mit Joghurt-Sahne-Creme — 113
Blätterteig-Quiche mit Brokkoli und Camembert — 86
Blaubeer-Pfannkuchen aus Dinkelmehl — 115
Buchweizen-Crêpes mit Spinat und Schafkäse — 79
Buchweizenfrühstück mit frischen Früchten — 46
Bunter Salat mit knuspriger Hähnchenbrust — 68

Carpaccio vom Edelfisch — 95
Chicorée-Salat mit Apfel und Putenstreifen — 69
Crostini mit frischen Kräutertomaten — 50

Dim Sum – Lachs-Wirsing-Päckchen — 98

Erdbeeren mit Orangenlikör auf Avocadocreme — 112

Fischcurry mit buntem Gemüse und Kokos — 92
Früchtepudding mit Mascarpone — 117
Frucht-Shake mit Erdbeer und Maracuja — 113

Gebratener Loup de mer mit jungen Kartoffeln — 97
Gedämpfter Kabeljau mit Tomaten-Paprika-Reis — 97
Gedünstetes Heilbuttfilet auf Brokkoli — 95
Gegrilltes Steak mit Gemüsepäckchen — 107
Gemüseauflauf mit Blätterteigkruste — 82
Gemüsereis mit Hackfleisch — 103
Geröstete Sonnenblumencreme mit Meerrettich — 51
Gratinierte Soja-Spätzle — 106

Hähnchenschenkel mit Rosmarinkartoffeln — 105
Hirseauflauf mit Äpfeln und Vanille — 109
Hummus – arabisches Kichererbsenpüree — 80

Kalbsmedaillons mit Gorgonzola-Polenta — 104

Kartoffelrösti mit Käsecreme — 86
Knackiger Rucolasalat mit Zitronendressing — 67
Knusperente mit Brokkoli, Sprossen und Mandeln — 103
Knusprige Kartoffelpizza mit Schafkäse — 81
Kokos-Pralinés mit Mandeln — 110
Kräuterfladen mit Tomaten und Oliven — 119

Lammkoteletts mit jungen Kräuterkartoffeln — 100

Mandelhirse mit Ingwer — 77
Marzipan-Kokos-Kugeln mit feiner Vanille — 110
Mediterranes Kräuteröl mit Basenprofil — 65

Nudelauflauf mit Gemüse und Rinderschinken — 101
Nudelsalat mit Pfifferlingen und Pinienkernen — 71

Pasta mit würziger Tomatensauce — 85
Penne mit Zuckerschoten und Pilzen — 82

Rindfleisch in Kokos-Chili-Sauce — 106
Rindfleischtopf mit grünen Bohnen — 107
Rotbarben vom Blech mit Gemüse — 94
Rucola-Mandel-Pesto — 85

Salat mit Rinderfilet und Kürbiskernen — 73
Salatsauce ganz klassisch — 64
Saté – Putenfleisch-Spießchen — 100
Schafkäsecreme mit getrockneten Tomaten — 50
Schwertfisch vom Grill — 92
Seeteufelmedaillons auf milder Mandelsauce — 93
Seezungenfilet mit Kohlrabi — 99
Süße Buchweizenplätzchen — 121

Thymian-Ratatouille mit Hühnerbrust — 104

Wärmendes Dinkel-Porridge mit Kokos — 47
Warmer Aprikosengratin mit Mandeln und Sesam — 109

Zanderfilet auf zartem Gemüsebett — 99
Zucchinikuchen mit Apfel — 120

Stern-Rezepte

2-Stern-Rezepte

Ananas-Creamer mit Chili und Banane	44
Apfelbrot mit Rosinen und Mandeln	119
Aprikosen-Buttermilch mit Limettensaft	43
Bauernsalat mit Feta	71
Beerengrütze mit flüssiger Sahne	111
Bratäpfel mit Mandeln und Rosinen	111
Bunte Gemüsespieße mit Kräutersahne	91
Champignonsuppe mit Sonnenblumenkernen	57
Feigenbutter auf französische Art	46
Feine Gurkenmousse mit frischer Minze	52
Feine Kerbelsuppe mit Champignons	63
Fischfilet in Gemüsepäckchen	98
Folienkartoffeln mit Kräutercreme	91
Gemüse-Linguine mit Spinatsauce	88
Grüner Salat mit Orangensauce	75
Heiße Himbeersauce mit Minze	118
Kartoffelgratin mit Blattspinat	81
Knackiger Salat mit Spinat und Chili	74
Knusprige Reibekuchen aus Kartoffeln und Äpfeln	83
Luftig-leichtes Kartoffel-Kefir-Püree	93
Mango-Lassi mit Limettensaft	38
Maronensuppe mit Pilzen	56
Mittelmeersalat à la Nicoise	73
Molke-Basendrink mit leichter Schärfe	40
Orientalische Dattelcreme	49
Papayasalat mit Granatapfel und Vanillecreme	117
Pfirsich-Zimt-Kompott	116
Sanddorndrink mit echter Vanille	43
Schlemmer-Burger mit pikanter Gemüsesauce	88
Spargel mit Frankfurter Kräutersauce	83
Taboulé aus dem Orient	67
Warme Apfel-Himbeer-Sauce	115
Würzige Kartoffelküchlein mit Pflaumen	89
Zwetschgensauce	121

3-Stern-Rezepte

Asia-Salat mit Sojasprossen	70
Avocado-Salsa mit Chili und Koriander	53
Basensuppe mit Kartoffeln und Blumenkohl	55
Basische Möhrencreme mit Petersilie und Chili	51
Bircher-Kartoffeln vom Blech mit Avocado-Salsa	80
Brennnesselsuppe mit Sahne	61
Bunte Gemüsepfanne mit Tofu und Champignons	87
Eichblattsalat mit rosa Grapefruit und Melisse	69
Erbsensuppe mit Estragon und Schnittlauch	58
Erfrischender Roibuschtee mit Johannisbeersaft	41
Feldsalat mit Radicchio und Austernpilzen	65
Fenchelgemüse mit Möhren und Petersilie	89
Fixe Gärtnersuppe nach Münchner Art	59
Frischer Apfel-Bananen-Aufstrich mit Mandeln	45
Gemüsebouillon basisch nach F.X. Mayr	56
Gemüse-Shake mit Paprikaschote	44
Gemüsesticks mit Tomatenfrischkäse	75
Gemüse-Tomaten-Basensauce	76
Geschäumte Sojamilch mit Kirschsaft	39
Griechischer Kartoffelsalat mit Oliven	70
Grüner Tee mit weißem Traubensaft	41
Johannisbeer-Kefir mit Melisse	40
Kartoffel-Mangold-Suppe nach Großmutters Art	61
Kartoffelmus mit Gemüsewürfeln	52
Kartoffelsuppe schnell und sahnig	57
Kürbissuppe mit Ingwer und Sahne	55
Leichte Lauchcremesuppe	59
Leichtes Kräuterschaumsüppchen	58
Mango-Kiwi-Aufstrich mit Vanille	47
Marinierter Tofu in Pflaumenwein	77
Maronen mit Rotkraut	76
Melonendrink mit Heidelbeeren	38
Misosuppe mit Basengemüse	62
Möhren-Apfel-Saft mit Sellerie	39
Möhrensuppe mit Orangensaft und Ingwer	62
Obstsalat mit weißem Pfirsich und Trauben	112
Radieschensuppe mit Frischkäse und Kresse	63
Rettichsalat mit Radieschen und Apfel	68
Rote-Bete-Salat mit Walnüssen	64
Sauerkrautsalat mit Birne und Ananas	74
Schnelles Frühlingsgemüse auf leichte Art	79
Süßsaures Kürbisgemüse	100
Tofu-Aufstrich mit Sesamsamen	49
Tomatenketchup wunderbar würzig	53

Literatur

Zum Nachschlagen

Hier finden Sie Bücher für weitere Informationen zum Thema Säure-Basen-Haushalt:

Bierbach, Elvira (Hrsg.):
Naturheilpraxis heute. Lehrbuch und Atlas,
Urban & Fischer Verlag, München 2006

Bircher-Rey, Hedy:
Wie ernähre ich mich richtig im Säuren-Basen-Gleichgewicht?,
Humata Verlag, 15. Auflage o.O.

Lohmann, Maria:
Natürlich abnehmen mit Schüßler Salzen,
Knaur, München 2006

Lohmann, Maria:
Obst- und Gemüsesäfte, die gesund machen,
Midena Verlag, Augsburg 1998

Lohmann, Maria:
Einstieg in die Naturheilpraxis,
Urban & Fischer Verlag, 3. Auflage,
München 2006

Lohmann, Maria:
Heiltees, die wirklich helfen,
Weltbild Verlag, Augsburg 1999

Lohmann, Maria:
Laborwerte verstehen,
Weltbild Verlag, Augsburg 2006

Remer, Th., Manz, F.:
Potenial renal acid load of foods and its influence on urine pH,
Journal of the American Dietetic Association, 1995, Volume 95, Number 7

Sander, Friedrich F.:
Der Säure-Basenhaushalt des menschlichen Organismus,
Hippokrates Verlag, Stuttgart 1999

Von Koerber, Karl, et al.:
Vollwert-Ernährung,
Haug Verlag, 10. Auflage, Heidelberg 2006

Wendt, Lothar:
Die Eiweißspeicher-Krankheit,
Haug Verlag, Heidelberg 1996

Worlitschek, M.:
Praxis des Säure-Basen-Haushaltes,
Haug Verlag, 3. Auflage, Heidelberg 1996

Sachregister

Abnehmen 16
Atmung 10f., 28
Azidose, latente 11f.
Basen 11
Basenpräparate 16
Beschwerden 12f., 16, 24
Bewegung 16, 28f.
Bier 21
Bindegewebe 11f., 16, 26
Blut 10f., 17
Brot 21f.
Chlor 11
Darm 10f., 25, 28f.
Eisen 11
Eiweiß, tierisches 16
Entlastungstag 16, 29f.
Entsäuerung 26, 28f.
Ernährung 17
- basenfreundliche 19ff.
- basenreiche 13, 16, 28
- vegetarische 15
Fette 22
Fleisch 20
Früchte, reife 14
Gemüse 22
Getränke 21, 24ff.
Gewebesäuerung 12
Haut 10f., 25f., 28f.
Heilwasser 21, 24f.
Hydrogencarbonat 25

Kalium 11, 25
Kalzium 11f., 25
Kartoffeln 20
Käse 21f.
Knochenstabilität 12
Kohlenhydrate 15
Kräutertees, basische 21, 24, 29
Kreislauf 10
Leber 29
Lunge 28f.
Lymphsystem 29
Magnesium 11, 25
Margarine 22
Messung 17
Mineralstoffe 12, 14, 24f.
Mineralwasser 21, 24f.
Nahrung 10, 22
Nahrungsmittel
- basenreiche 23
- sauer schmeckende 14
- säurelastige 23
Neutralisation 16
Nieren 10f., 25, 28f.
Nudeln 20, 22##
Öle 22
Osteoporose 12, 25
Phosphat 11
pH-Wert 10f., 17
Quellwasser 16, 21, 24f.
Reis 20, 22

Sander, Friedrich F. 12
Säureausscheidung 11, 24f.
Säure-Basen-Gehalt 14
Säure-Basen-Haushalt, gestörter 12f., 24, 29
Säuren 10f., 20
Schwefel 11
Sport 16, 28f.
Stoffwechsel 10f., 14f., 26
Stress abbauen 16
Süße 22
Teerezepte, basische 26f.
Übersäuerung 11f., 14, 16, 19, 28
Untersuchungen 17
Urin 17
Vegetarier 15
Verdauung 10, 28
Vollkornprodukte 15
Vorbeugung 24
Vorrat 22
Wasser 16, 24f., 28f.
Wein 21
Wurst 21f.
Zellstoffwechsel 10
Zucker 15, 22

Rezeptregister

Amarant-Müsli mit Sultaninen und Kokos 45
Ananas-Creamer mit Chili und Banane 44
Ananassauerkraut mit Putenschnitzel 105
Apfelbrot mit Rosinen und Mandeln 119
Aprikosen-Buttermilch mit Limettensaft 43
Asia-Salat mit Sojasprossen 70
Avocado-Salsa mit Chili und Koriander 53
Bananen-Muffins fruchtig und fein 120
Bandnudeln mit Zander und Pfifferlingen 94

Bärlauch-Kartoffel-Gnocchi 87
Basensuppe mit Kartoffeln und Blumenkohl 55
Basische Möhrencreme mit Petersilie und Chili 51
Basisches Kartoffel-Nuss-Brot 118
Basmati-Kokosreis mit Feigen und Rosinen 116
Bauernsalat mit Feta 71
Beeren-Crumble mit Joghurt-Sahne-Creme 113
Beerengrütze mit flüssiger Sahne 111
Bircher-Kartoffeln vom Blech mit Avocado-Salsa 80
Blätterteig-Quiche mit Brokkoli und Camembert 86

Blaubeer-Pfannkuchen aus Dinkelmehl 115
Bratäpfel mit Mandeln und Rosinen 111
Brennnesselsuppe mit Sahne 61
Buchweizen-Crêpes mit Spinat und Schafkäse 79
Buchweizenfrühstück mit frischen Früchten 46
Bunte Gemüsepfanne mit Tofu und Champignons 87
Bunte Gemüsespieße mit Kräutersahne 91
Bunter Salat mit knuspriger Hähnchenbrust 68

Register

Carpaccio vom Edelfisch 95
Champignonsuppe mit Sonnentestblumenkernen 57
Chicorée-Salat mit Apfel und Putenstreifen 69
Crostini mit frischen Kräutertomaten 50

Dim Sum – Lachs-Wirsing-Päckchen 98

Eichblattsalat mit rosa Grapefruit und Melisse 69
Erbsensuppe mit Estragon und Schnittlauch 58
Erdbeeren mit Orangenlikör auf Avocadocreme 112
Erfrischender Roibuschtee mit Johannisbeersaft 41

Feigenbutter auf französische Art 46
Feine Gurkenmousse mit frischer Minze 52
Feine Kerbelsuppe mit Champignons 63
Feldsalat mit Radicchio und Austernpilzen 65
Fenchelgemüse mit Möhren und Petersilie 89
Fischcurry mit buntem Gemüse und Kokos 92
Fischfilet in Gemüsepäckchen 98
Fixe Gärtnersuppe nach Münchner Art 59
Folienkartoffeln mit Kräutercreme 91
Frischer Apfel-Bananen-Aufstrich mit Mandeln 45
Früchtepudding mit Mascarpone 117
Frucht-Shake mit Erdbeer und Maracuja 113

Gebratener Loup de mer mit jungen Kartoffeln 97
Gedämpfter Kabeljau mit Tomaten-Paprika-Reis 97
Gedünstetes Heilbuttfilet auf Brokkoli 95
Gegrilltes Steak mit Gemüsepäckchen 107
Gemüseauflauf mit Blätterteigkruste 82
Gemüsebouillon basisch nach F.X. Mayr 56
Gemüse-Linguine mit Spinatsauce 88
Gemüsereis mit Hackfleisch 103
Gemüse-Salat mit Paprikaschote 44
Gemüsesticks mit Tomatenfrischkäse 75
Gemüse-Tomaten-Basensauce 76
Geröstete Sonnenblumencreme mit Meerrettich 51
Geschäumte Sojamilch mit Kirschsaft 39

Gratinierte Soja-Spätzle 106
Griechischer Kartoffelsalat mit Oliven 70
Grüner Salat mit Orangensauce 75
Grüner Tee mit weißem Traubensaft 41

Hähnchenschenkel mit Rosmarinkartoffeln 105
Heiße Himbeersauce mit Minze 118
Hirseauflauf mit Äpfeln und Vanille 109
Hummus – arabisches Kichererbsenpüree 80

Johannisbeer-Kefir mit Melisse 40

Kalbmedaillons mit Gorgonzola-Polenta 104
Kartoffelgratin mit Blattspinat 81
Kartoffel-Mangold-Suppe nach Großmutters Art 61
Kartoffelmus mit Gemüsewürfeln 52
Kartoffelrösti mit Käsecreme 86
Kartoffelsuppe schnell und sahnig 57
Knackiger Rucolasalat mit Zitronendressing 67
Knackiger Salat mit Spinat und Chili 74
Knusperente mit Brokkoli, Sprossen und Mandeln 103
Knusprige Kartoffelpizza mit Schafkäse 81
Knusprige Reibekuchen aus Kartoffeln und Äpfeln 83
Kokos-Pralinés mit Mandeln 110
Kräuterfladen mit Tomaten und Oliven 119
Kürbissuppe mit Ingwer und Sahne 55

Lammkoteletts mit jungen Kräuterkartoffeln 100
Leichte Lauchcremesuppe 59
Leichtes Kräuterschaumsüppchen 58
Luftig-leichtes Kartoffel-Kefir-Püree 93

Mandelhirse mit Ingwer 77
Mango-Kiwi-Aufstrich mit Vanille 47
Mango-Lassi mit Limettensaft 38
Marinierter Tofu in Pflaumenwein 77
Maronen mit Rotkraut 76
Maronensuppe mit Pilzen 56
Marzipan-Kokos-Kugeln mit feiner Vanille 110
Mediterranes Kräuteröl mit Basenprofil 65
Melonendrink mit Heidelbeeren 38
Misosuppe mit Basengemüse 62
Mittelmeersalat à la Nicoise 73
Möhren-Apfel-Saft mit Sellerie 39
Möhrensuppe mit Orangensaft und Ingwer 62
Molke-Basendrink mit leichter Schärfe 40

Nudelauflauf mit Gemüse und Rinderschinken 101
Nudelsalat mit Pfifferlingen und Pinienkernen 71

Obstsalat mit weißem Pfirsich und Trauben 112
Orientalische Dattelcreme 49

Papayasalat mit Granatapfel und Vanillecreme 117
Pasta mit würziger Tomatensauce 85
Penne mit Zuckerschoten und Pilzen 82
Pfirsich-Zimt-Kompott 116

Radieschensuppe mit Frischkäse und Kresse 63
Rettichsalat mit Radieschen und Apfel 68
Rindfleisch in Kokos-Chili-Sauce 106
Rindfleischtopf mit grünen Bohnen 107
Rotbarben vom Blech mit Gemüse 94
Rote-Bete-Salat mit Walnüssen 64
Rucola-Mandel-Pesto 85

Salat mit Rinderfilet und Kürbiskernen 73
Salatsauce ganz klassisch 64
Sanddorndrink mit echter Vanille 43
Saté – Putenfleisch-Spießchen 100
Sauerkrautsalat mit Birne und Ananas 74
Schafkäsecreme mit getrockneten Tomaten 50
Schlemmer-Burger mit pikanter Gemüsesauce 88
Schnelles Frühlingsgemüse auf leichte Art 79
Schwertfisch vom Grill 92
Seeteufelmedaillons auf milder Mandelsauce 99
Seezungenfilet mit Kohlrabi 99
Spargel mit Frankfurter Kräutersauce 83
Süße Buchweizenplätzchen 121
Süßsaures Kürbisgemüse 100

Taboulé aus dem Orient 67
Thymian-Ratatouille mit Hühnerbrust 104
Tofu-Aufstrich mit Sesamsamen 49
Tomatenketchup wunderbar würzig 53

Warme Apfel-Himbeer-Sauce 115
Wärmendes Dinkel-Porridge mit Kokos 47
Warmer Aprikosengratin mit Mandeln und Sesam 109
Würzige Kartoffelküchlein mit Pflaumen 89

Zanderfilet auf zartem Gemüsebett 99
Zucchinikuchen mit Apfel 120
Zwetschgensauce 121

Bleiben Sie in
Säure-Basen-Balance!

Basenfasten – die Wacker-Methode®: Das Grundlagenbuch
Sabine Wacker
Basenfasten - Das Gesundheitserlebnis
160 Seiten, 71 Abbildungen
€ 14,95 [D] /€ 15,40 [A] / CHF 27,50
ISBN 978-3-8304-2267-9

Der praktische Helfer beim Einkauf und im Restaurant
Michael Worlitschek
Säure-Basen-Einkaufsführer
112 Seiten, 8 Abbildungen
€ 9,95 [D] /€ 10,30 [A] / CHF 18,70
ISBN 978-3-8304-2275-4

Energielos, schlapp, müde? Rasche Hilfe bei über 35 Beschwerden
Maria Lohmann
Der Basen-Doktor
144 Seiten, 24 Abbildungen
€ 14,95 [D] /€ 15,40 [A] / CHF 27,50
ISBN 978-3-8304-3693-5

In Ihrer Buchhandlung

www.trias-gesundheit.de

TRIAS
wissen, was gut tut

Impressum

Internet
www.trias-gesundheit.de

Wichtiger Hinweis

Die im Buch veröffentlichten Ratschläge wurden von Verfasserin und Verlag mit größter Sorgfalt erarbeitet und geprüft. Eine Garantie kann jedoch nicht übernommen werden. Ebenso ist eine Haftung der Verfasserin bzw. des Verlages und seiner Beauftragten für Personen-, Sach- oder Vermögensschäden ausgeschlossen.

Bibliografische Information der Deutschen Nationalbibliothek

Die Deutsche Nationalbibliothek verzeichnet diese Publikation in der Deutschen Nationalbibliografie; detaillierte bibliografische Daten sind im Internet über http://dnb.d-nb.de abrufbar.

© 2010 TRIAS Verlag in MVS Medizinverlage Stuttgart GmbH & Co. KG
Oswald-Hesse-Straße 50, 70469 Stuttgart
3. unveränderte Auflage

Das Werk einschließlich aller seiner Teile ist urheberrechtlich geschützt.
Jede Verwertung außerhalb des Urhebergesetzes ist ohne Zustimmung des Verlages unzulässig und strafbar. Das gilt insbesondere für Vervielfältigungen, Übersetzungen, Mikroverfilmungen und die Einspeicherung und Verarbeitung in elektronischen Systemen. Es ist deshalb nicht gestattet, Abbildungen dieses Buches zu scannen, in PCs oder auf CDs zu speichern oder in Computern zu verändern oder einzeln oder zusammen mit anderen Bildvorlagen zu manipulieren, es sei denn mit schriftlicher Genehmigung des Verlages.
Bei der Anwendung in Beratungsgesprächen, im Unterricht und in Kursen ist auf dieses Buch hinzuweisen.

Projektleitung: Kathrin Gritschneder
Redaktion: Katharina Lisson
Bildredaktion: Sylvie Busche (Ltg.), Markus Röleke, Gabriele Schnitzlein
Umschlagfotos:
Brigitte Sporrer (vorne), Foodcentrale Hamburg / Seiffe (hinten)
Vordere Umschlagklappe (außen und innen):
Foodcentrale Hamburg / Seiffe
Autorenfoto: privat
Fotos: Stockfood / Quentin Bacon S. 8 / Roland Krieg S. 27 re. / Kröger, Gross S. 24 re. / David Loftus S. 10 re. / Antje Plewinski S. 24 li. / Brigitte Sporrer, Julia Skowronek S. 4, 10 / Stockfood S. 27 li. / Jonelle Weaver S. 4, 17 li.
Rezeptfotos: Foodcentrale Hamburg / Seiffe
Layout und Umschlaggestaltung: Dorothee Griesbeck, griesbeckdesign, München
Herstellung: Dagmar Guhl
Satz und DTP: Gaby Herbrecht, Mindelheim
Reproduktion: Repro Ludwig, A-Zell am See
Druck und Bindung: Grafisches Centrum Cuno GmbH & Co. KG, Calbe

Printed in Germany

ISBN 978-3-8304-3870-0

5 4 3 2 1